신화로 읽는 여성성
She

Understanding Feminine Psychology Copyright ⓒ 1989
(as in Proprietor's edition) Published by arrangement with
HarperCollins Publishers. All rights reserved.
Korean translation copyright ⓒ 2006 by Dong-yun Publishing Co.
Korean translation rights arranged with Harper San Francisco,
through EYA(Eric Yang Agency)

이 책의 한국어판 저작권은 EYA(Eric Yang Agency)를 통한 Harper San Francisco사와의
독점계약으로 한국어 판권을 '동연출판사' 가 소유합니다. 저작권법에 의하여
한국 내에서 보호를 받는 저작물이므로 무단전재와 복제를 금합니다.

신화로 읽는 여성성
she

2006년 12월 15일 초판 1쇄 발행
2021년 7월 29일 초판 8쇄 발행

지은이 로버트 A. 존슨
옮긴이 고혜경

펴낸이 김영호
펴낸곳 도서출판 동연

등 록 제1-1383호
주 소 서울특별시 마포구 월드컵로 163-3
전 화 (02)335-2630 **팩 스** (02)335-2640
이메일 h-4321@daum.net

Copyrightⓒ 도서출판 동연, 2006

이 책은 저작권법에 따라 보호받는 저작물이므로 무단 전재와 복제를 금합니다.
책값은 뒤표지에 나와 있습니다.
잘못된 책은 바꾸어 드립니다.

ISBN 978-89-85467-43-8   03180

신화로 읽는 여성성

She

로버트 A. 존슨 지음 | 고혜경 옮김

동연

|차례|

- 머리말 · 6

1. **아프로디테** *Aphrodite* · 14
   생식이나 본능적 모성에 충실한 원시적인 여성성의 본질을 탐구한다.

2. **프시케** *Psyche* · 24
   어두운 밤하늘에 초승달이 등장하듯 갓 태어난 여성성의 이미지,
   프시케의 등장은 의식 진화의 새로운 가능성을 예고한다.

3. **에로스** *Eros* · 34
   에로스가 만든 낙원의 정체를 밝힌다. 여성이 흔히 보여주는 남성에 대한
   복종이나 무의식적인 수용의 정체를 탐색하도록 도와준다.

4. **그림자** *Shadow* · 42
   프시케 언니들의 목소리를 통해 여성 내면에서 일어나는 불평과
   잔인한 파괴력에 대한 심리학적 이해를 추구한다.

5. **아니무스** *Animus* · 52
   여성이 자신의 내면에 존재하는 남성성을 이야기한다.

6. **사랑하는 것** *Loving* · 62
   에로스의 화살에 상처를 입어 사랑과 사랑에 빠진 프시케의 초개인적이고
   초의식적인 체험을 다룬다.

7. **딜레마** *Dilemma* · 70
   우리가 사랑에 빠졌을 때 상대에게서 그 사람을 넘어선 신적인 경지를 발견
   하게 된다는 사실을 이야기한다.

8. **패닉** *Panic* • 78
   여성의 통곡이나 발작 같은 동물적인 체험이 팬이란 그리스 신에서 기원하며
   여성의 이런 비이성적인 반응이 위기극복을 위한 좋은 방법임을 시사한다.

9. **분별** *Sorting* • 90
   첫 번째 시험이다. 여성의 심리는 집중되지 않는 의식이라 부르는데 이를 극복
   하기 위해 개미가 등장한다.

10. **바른 자세** *A right attitude* • 98
    남성성의 상징인 숫양을 직면하여 황금양털을 채취하는 과정에서 남성적인
    방식이 아닌 여성적으로 임무를 수행하는 방식을 제시한다.

11. **스틱스 강** *Styx river* • 110
    한 잔의 물을 떠오는 과제는 넓은 시야로 세상을 보는 눈과 질적인 충만함을
    배우는 과정이다. 넓은 시야와 정확함은 여성에게 반드시 필요한 과제이다.

12. **지하세계** *Persephone's realm* • 116
    의식의 성장을 위해서 거쳐 가야 하는 과제이다. 이 과제는 아직 극소수의
    사람들에게 주어졌으며 의식 진화의 마지막이자 최대의 시련이라 할 수 있다.

13. **조이와 엑스타시** *Joy & Ecstasy* • 126
    여성이 의식발달의 최정점에 도달하면 자신의 여신적 특질을 발견하게 되며
    개인의 심리뿐 아니라 우리사회에 가장 절실히 회복되어야 할 여성성의
    최고의 선물인 조이와 엑스타시를 얻게 된다.

- **옮긴이의 말** • 135

- **용어해설** • 141

|머리말|

여성의 심리를 이해하려고 할 때 프시케와 에로스 신화처럼 명료하게 우리를 도와주는 신화는 드물다. 이 신화는 그리스도교 신화가 탄생하기 훨씬 이전에 등장한 고대 신화이다. 프시케와 에로스의 신화는 다른 신화들과 마찬가지로 오랜 구전시기를 거쳐 나중에 문자로 정착되었는데, 가장 초기 기록은 고대 그리스 시대까지 거슬러 올라간다. 오랫동안 인류에게 회자되어온 이 신화는 오늘날까지도 여전히 우리의 상상력을 자극하여 인간의 내면세계에 대한 이해의 폭을 넓혀 준다.

이렇게 오래된 고대 신화가 현대인들에게도 여전히 중요한 의미를 지닐 수 있는지에 대해 의문을 가질 수 있지만, 그 답은 사람의 몸을 생각해 보면 쉽게 알 수 있다. 현대인과 고대 그리스인의 몸을 구성하는 화학성분상에는 달라진 것이 없다. 인간심리의 무의식적인 동력도 고대인과 현대인 사이에 차이가 없다. 시대에 따라 인간이 만족을 느끼는 형태는 달라질 수 있지만, 물리적이건 심리적이건 간에 인간에게 기본적으로 필요한 것은 시간이 지나도 달라지지 않는다.

인간행동과 심리패턴을 공부할 때, 인류 초기로 되돌아가 보는 것은 큰 도움이 된다. 근원적인 것일수록 직접적이고 단순하게 표현되기 때문에 내용을 파악하기가 쉽다. 인류 초기의 근원적인 표현에서 인간심리의 기본적인 패턴을 파악한다면 오늘날 변이된 형태로 등장하는 인간심리 또한 이해하기 쉬워진다.

신화는 심리학적 통찰을 위한 풍요로운 원천이다. 모든 위대한 예술작품이 그러하듯 위대한 문학은, 인간의 조건을 세월의 빛에 퇴색되지 않도록 정확하게 기록하고 묘사한다. 신화는 바로 이러한 특별한 종류의 문학이다. 신화는 개인이 쓰거나 창조한 것이 아니라 전 세대와 문화 전반에 걸친 집단적 경험과 상상력의 산물이다. 신화는 점진적으로 발전되어가는 것이다. 먼저 어떤 동기가 등장하고 그 동기가 다듬어져 마침내 사람들의 입에서 입으로 전해진다. 이 과정에서 특정 개인에게만 의미를 지니는 이야기들은 자연스럽게 사라지고 보편적인 주제를 지니는 이야기들만 끝까지 살아남게 된다. 그러므로 신화는 집단적인 이미지의 묘사라 할 수 있다. 결국 신화는 '모든 사람에게 진실'이라고 인정받는 내용을 다루게 된다.

이 말은 신화는 진실이 아닌 것이거나 그저 상상의 산물에 불과하다는, 우리 시대에 팽배한 합리주의적 정의와는 어긋난다. 우리는 "그것은 진실이 아니라 신화일 뿐이야"라는 표현을 쓴다. 그러나 위에서 설명했듯이 신화는 심오하고 보편적인 진실을 말하고 있는 것이다.

신화는 판타지일 수 있다. 그리고 또 상상력의 산물일 수 있다. 그럼에도 불구하고 신화는 진실이고 그래서 사실이다. 신화는 외면의 이성적인 세계와 함께 상대적으로 우리가 잘 이해하지 못하고 있는 인간의 심리, 즉 내면의 세계를 동시에 아우르는 차원에서 실체를 묘사하고 있다.

실체를 좁은 의미로 정의하는 사람들에게 일어날 수 있는 혼동을 피하기 위해 악몽을 꾼 어린이의 경우를 예로 들어 보자. 부모가 아이를 안심시키기 위해 "너는 단지 꿈을 꾸었을 뿐이야. 괴물은 진짜가 아니야"라고 말한다. 그러나 아이는 이 말이 믿기지 않는다. 아이에게 괴물은 바깥 세계에서 겪는 다른 경험들과 마찬가지로 실제 겪은 생생한 체험이기 때문이다. 아이에게 괴물은 살아 있는 존재이다. 그러나 괴물이 사는 곳은 아이가 자는 방이 아니라 바로 아이의 머릿속이다. 머릿속에 살지만 아이의 육체적, 정서적 반응에 영향을 미치는 두려운 존재인 것이다. 괴물은 아이에게 결코 부정할 수도 부정해서도 안 되는 내면의 실체이다.

신화는 과학적이거나 이성적인 발전의 산물이 아니라 집단적 상상력의 산물이다. 신화는 오랜 세월 입에서 입으로 전해지는 과정에서 헤아릴 수조차 없는 많은 사람들에 의해 다듬어졌기 때문에 집단적 의미를 지닐 뿐만 아니라 이야기 자체에 특별한 힘이 있다.

수많은 심리학자들이 신화를 신중하게 연구하였다. 스위스의 심리학자 칼 융Carl G. Jung도 그들 중 한 사람이다. 융은 인간 심리의 기본구조를 연구하기 위해 신화에 각별한 관심을 기울였다. 융은 신화에 일정한 심리적 패턴이 있다는 사실을 알아냈다. 나는 독자들이 이 책에서 다룬 에로스와 프시케 신화를 통해 심리적 패턴을 발견하기를 희망한다.

이를 위해 우선 신화적으로 생각하는 법을 배워야 하는데 이 과정은 흥미진진하고 스릴이 넘친다. 우리가 신화적으로 생각하기 시작하면 이야기 자체에서 아주 강한 에너지를 체험하게 된다. 이는 신화와 민담과 꿈이 우리에게 에너지를 전해주기 때문이다. 그렇지만 오래된 신화의 용어와 배경은 낯설게 느껴질 수도 있다. 또한 신화가 고전적이고 비현실적이라고 생각할 수도 있다. 그러나 관심을 갖고 신중하게 연구하면 신화가 표현하고자 하는 바를 이해할 수 있게 될 것이다. 또한 상징적인 의미를 해석하는 것은, 처음에는 낯설게 느껴지겠지만 일단 방법을 알게 되면 어려울 것이 없다.

프시케와 에로스 신화를 연구한 많은 심리학자들은, 이 신화를 여성 심리에 대해 진술하는 것으로 해석했다. 그러나 이 책에서는 '여성성'에 관해 다루고 있다는 사실을 서두에서 분명히 하고자 한다. 여성성은 남성에게도 여성에게도 존재한다.

융의 심오한 통찰 중 하나는 모든 남성이 유전적으로 열성의 여성염색체와 여성호르몬을 가지고 있듯이, 모든 남성에게는 여성의 심리적인 특성이 존재한다는 사실이다. 남성 내면에 여성성이 존재하는데 이는 남성 심리에서 적은 부분을 차지한다. 마찬가지로 여성도 내면에 심리학적으로 적게나마 남성성을 지니고 있다. 융은 남성 내면의 여성적인 측면을 아니마anima라고 하고, 여성 내면의 남성적인 측면을 아니무스animus라고 부른다.

아니마와 아니무스에 관한 책들은 많이 나와 있지만, 이 책은 여기에 대해 더 많은 이야기를 다루게 될 것이다. 또한 프시케와 에로스 신화에서 여성적인 면을 이야기할 때 여성만을 이야기하는 것이 아니라, 남성이 지닌 여성적인 측면 '아니마'를 동시에 이야기하겠다는 것을 분명히 밝혀 둔다. 이 신화에서 여성들은 분명 자신의 심리와 연관되어 있다는 느낌을 받을 것이다. 그러나 동시에 남성도 자신의 아니마와 비슷하다는 느낌을 갖게 될 것이다.

| 일러두기 |

1. 이 책에 나오는 그리스 신의 이름은 그리스 원어식 표기를 따랐습니다.
2. 본문에 삽입된 '주'는 모두 '역자 주'이며, 각 장별 제목과 이미지도 역자가 내용에 맞게 붙인 것입니다.
3. 뒷부분에 수록된 <용어해설>은 독자들의 이해를 돕기 위해 역자가 첨부했습니다.

1 | 아프로디테 *Aphrodite*

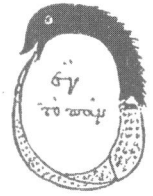

| 유로보로스 |
모든 것의 시작이자 완성인 이 이미지는
본문의 아프로디테의 본능적이고 원시적인 이미지를
잘 표현해 준다.

1

프시케와 에로스 이야기를 시작해 보자.

왕국이 있었다. 이야기에는 항상 왕국이 등장한다. 왕국은 바로 모든 것이 시작되는 곳이기 때문이다. 왕과 왕비에게는 세 명의 딸이 있었다. 첫째와 둘째 딸은 눈에 띄지 않는 그야말로 평범한 공주들이었다.

그러나 셋째 공주 프시케Psyche는 너무나 아름답고 매혹적이었을 뿐 아니라, 행동거지 또한 훌륭하여 마치 여신과 같았다. 그래서 그녀를 숭배하는 사람들이 점차 늘어갔다. 사람들은 "프시케가 새로운 아프로디테이다. 우리들의 새로운 여신이다"라고 말하기 시작했다.

아프로디테Aphrodite는 태초부터 있었던 나이 많은 여신이다. 그녀의 나이가 얼마나 많은지는 아무도 모른다. 프시케가 아프로디테의 자리를 대치할 것이라는 말이 사람들 사이에 떠돌기 시작했다. 신화적 표현을 빌리자면, 아프로디테 신전에 있는 성스러운 불의 재가 식어가고 있는 것이다.

아프로디테와 프시케의 출생과정에서 보여주는 차이는 많은 의미를 내포하고 있다. 우라노스Uranos 신의 성기가 잘려 바다에 떨어졌을 때 바다가 그 씨앗을 잉태하여 여신 아프로디테가 태어난다. 아프로디테의 탄생은 보티첼리의 그림 〈비너스의 탄생〉*으로 불멸의 이미지를 얻게 되었다. 이 작품에서 비너스는 파도에서 태어나 넓은 조개 위에 서 있다. 이 작품은 절묘한 아름다움을 자아낸다. 반면 프시케는 이슬이 하늘에서 땅으로 떨어지는 바로 그 순간에 태어난다. 여기서부터 신화풀이를 시작해 보자.

탄생의 차이를 제대로 이해한다면 두 여신의 상이한 특질이 탄생의 이미지에 담겨 있다는 사실을 알게 된다. 아프로디테는 바다에서 태어난 여신이다. 이 여신은 태고의 바다 같은 여성성을 보여준다. 아프로디테는 의식이 발달하기 이전의 진화적 시간을 의미한다. 여신의 궁전은 바다 밑에 있다. 에릭 노이만Eric Neumann**은 아프로디테를 습

---

* 그리스의 여신 아프로디테를 로마에서는 비너스라 불렀다.

지의 다산력多産力을 지닌 여신이라 하였다. 심리학적인 용어로 표현하면 아프로디테는 무의식에 거주하는 여신이고 무의식은 바닷물로 상징된다. 그러므로 상식적이고 의식적인 인간의 관점으로는 이 여신에게 접근하기가 거의 불가능하다. 광활한 바다가 인간의 존재를 압도하듯 인간이 바다 같은 여성성과 맞서기는 어렵기 때문이다. 아프로디테는 원시적 여성성이다. 그러므로 내면에서나 다른 사람에게서 아프로디테적 특성과 만나기도, 또는 그 특성을 표현해 내기도 쉽지 않다. 이러한 원시적 여성성과 만나게 되는 경우 인간에게는 몇 가지 선택이 가능하다. 그 힘에 압도되어 감격하고 무조건적으로 숭배하거나 산산이 부서져 버리는 것이다. 또 다른 선택은 프시케처럼 새로운 차원의 여성성으로 의식의 진화를 하는 것이다. 어느 길로 가느냐는 개인의 선택에 달려 있다.

모든 여성은 내면에 아프로디테적 성향을 가지고 있다. 우리 주변에서 쉽게 볼 수 있는 공허함이나 환락적 욕망 그리고 다산이 아프로디테의 대표적인 특성이다. 이를 거부하는 인간에게는 무자비한 독재자로 변하는 것 또한 아프로디테의 특성이다.

** 에릭 노이만Eric Neumann : 1905년에 탄생하여 1960년 사망한 분석심리학자이다. CG Jung의 학생이었고 철학적 접근으로 분석심리학 발전에 기여하였으며, 여성성 발달에 관한 이론에 탁월한 업적을 남겼다. 대표적 저서는 『The Great Mohter, The Origins & History of Consciousness』 등이다.

아프로디테와 그녀의 궁전에 관한 놀라운 이야기가 있다. 아프로디테에게는 특별한 임무를 가진 시녀가 있다. 그 시녀의 임무는 여신의 몇 발자국 앞에서 거울을 들고 걷는 것이다. 여신 아프로디테가 발걸음을 옮길 때마다 거울을 쳐다보며 끊임없이 자신의 아름다움을 찬미하도록 하기 위함이다. 또 다른 시녀는 아프로디테를 위해 끝없이 향수를 만들어야 한다. 아프로디테는 질투가 강하다. 경쟁에서 결코 물러서는 법이 없다. 쉬지 않고 염문을 뿌리고 다닌다. 그녀 주변에 있는 모든 존재가 '다산'을 이룰 때까지 결코 만족하지 않는다. 아프로디테는 세상에 독신 남자가 단 한 명이라도 남아 있으면 만족할 수 없는 여신이다.*

우리는 일상에서도 아프로디테를 만날 수 있다. 어제 오후 쇼핑을 했던 슈퍼마켓의 한 통로에 아프로디테가 서 있을지 모른다. 통로 한가운데 자신의 쇼핑수레를 세워놓고 "나의 아름다움을 흠모하고 칭송하지 않으려면 차라리 나를 들이받고 가라"는 식의 태도가 바로 아프로디테이다.

합리적이고 지적인 현대 여성이 자기 안에 있는 원시적이고 본능적인 아프로디테의 기질을 발견하면 무척 당혹

---

* 세계의 모든 신화들과 마찬가지로 아프로디테 신화 역시 수많은 이본異本이 있다. 그리고 신화 해석은 각자의 주관적인 관점에 따라 다르다. 저자는 프시케의 새로운 여성성을 부각시키기 위해 아프로디테가 지닌 태고의 여성성과 무의식적이고 원시적인 본능 부분을 지나치게 강조하고 있다. 미의 여신, 모든 예술가의 뮤즈Muse, 정제되고 완성된 아름다움 그 자체인 아프로디테의 다른 측면은 이 책에서는 다루지 않고 있다.

숫양
자연의 야생적인 창조력을 상징하며
특별히 지적인 문제와 연관되어 있다.

스러워 한다. 한 예로 자기가 그어 놓은 좁고 똑바른 길에서 남편이 조금이라도 벗어나면 엄청난 분노를 터뜨리는 아내가 있는데 이런 여성이 바로 아프로디테이다.

자연히, 인류의 의식에 새로운 여성성이 싹틀 듯한 조짐이 보이면 오래된 여성성인 아프로디테는 아주 불편해진다. 아프로디테는 인류의 도덕성이 탄생하기 이전부터 존재했다. 그녀는 자신의 힘과 지위가 격하되는 것을 방지하기 위해 어떤 수단도 가리지 않는다. 여성들은 갑작스레 자신이 과거의 여성성으로 퇴행하는 순간, 자기 내면에 존재하는 아프로디테 성향을 만나게 된다. 여성이 이런 상황에 처하면 대단히 두려운 존재로 변한다. 이런 여성 주변에 있는 남성들은 두려움에 떨게 되는데 남성들이 아프로디테를 두려워하기 때문이다. 이럴 때 부드럽게 "여보, 아프로디테를 기억해"라고 말해 준다면 조용해질 것이다.

그러나 아프로디테는 가치 있고 필요한 여신이다. 여신

은 종의 생식을 위해 필연적이고 본능적인 모성을 지니고 있다. 이 신화를 통해 파괴적이고 독재적인 힘을 가진 아프로디테가 절대로 프시케를 파괴하지는 않는다는 사실을 알게 될 것이다. 오히려 아프로디테는 프시케가 성장해 나가기 위해 꼭 필요한 존재라는 사실이 드러날 것이다. 아프로디테가 프시케의 성장을 기꺼이 도와준 것이 아니기 때문에 아프로디테를 인정하고 싶지 않을 수도 있다. 그러나 아프로디테는 프시케라는 갓 태어난 여성성이 성장하고 건강하게 자라는데 결정적인 역할을 한다.

인간 심리를 탐구하면서 알게 된 아름다운 사실 중 하나는 의식이 성장하는 시기가 다가오면 낡은 길이나 오랜 관습은 새 탄생을 기꺼이 맞이하고 환영해 준다는 것이다. 낡은 길이나 오래된 관습이 새로운 탄생과 성장을 매순간 해코지하는 것처럼 보이지만 그런 방식만이 새로운 의식을 태어나게 하는 바른 길인지 누가 알겠는가?

갇혀 지내던 코끼리들에 관한 예화가 있다.

어느 날 아기코끼리가 태어났다. 그런데 코끼리들이 모여서 원을 만들더니 갓 태어난 코끼리를 마치 공놀이하듯 던지는 것이었다. 이 장면을 목격한 사육사는 기절할 지경이었다. 코끼리들이 아기코끼리를 죽일 것이라 생각했던 것이다. 그러나 이 행위는 아기코끼리가 숨을 쉴 수 있도록 도와주는 방법이었다.

새로운 성장이 일어나는 곳에서는 이따금 두려운 현상이 일어난다. 그러나 그것은 필연적인 행위이며, 또 잔인하게만 보이는 현상들조차도 성장을 위해서 꼭 필요한 수단이 되기도 한다. 아프로디테와 프시케의 관계에서 아프로디테의 잔인한 태도는 비난과 비판의 대상이 된다. 그러나 결국 아프로디테는 프시케의 심리적 진화가 이루어지는 데 필요한 모든 것을 다 한 것이다. 사람들이 지나간 사건은 낙관적으로 회상하는 경향이 있지만 실제 그 일이 일어나는 순간에는 죽을 만큼 고통을 느낀다. 일이 진행되는 동안은 한 마디로 혼돈 그 자체이다. 그러나 그 혼돈 속에는 '진화'라는 열매가 숨겨져 있다. 이 신화에서 아프로디테적 특성이 바로 그와 같다. 이러한 특성은 퇴행하여 무의식으로 돌아가는 동시에 무의식으로부터 새로운 것이 태어나 다시 새 삶의 여정을 시작하게 한다. 이럴 때 아프로디테만이 성장을 가져다줄 수 있는 유일한 요소일 수 있다. 예를 들면 독재적인 시어머니를 만나기 전에는 자기 주체성이 자라나지 않는 여성이 있다. 아프로디테는 종종 시어머니로 등장하는데, 신화나 민담에 자주 나오는 사악한 계모도 이런 유형에 속한다.

　현대 여성들이 느끼는 심리적인 갈등은 자신의 아프로디테적 특성과 프시케적 특성 사이에서 일어나는 충돌이라고 볼 수 있다. 여성들이 이런 과정을 이해한다면 자신의 마음속에 갈등이 일어날 때마다 현명하게 대처할 수 있다. 갈등의 실체를 아는 것만으로도 이미 새로운 의식의 탄생을 위한 여정에 서게 되는 것이다. 남성도 여성 내면의 아프로디테적 특질을 파악하고 있다면, 여성이 심리적 갈등을 겪을 때 현명하게 대처할 수 있을 것이다.

2 | 프시케 *Psyche*

| 프시케 |
보편적으로 달과 물은 여성을 연상하게 하는 이미지다.
특히 초승달은 탄생과 정결을 상징한다.

여신 아프로디테의 특질이 태고적이고 원시적인 단계의 여성성이란 것을 어느 정도 알게 되었다. 이제 새롭게 등장하는 프시케에 대해서 살펴보자. 프시케는 새벽하늘에서 내려온 이슬이 땅에 닿는 바로 그 순간에 태어났다. 땅이란 의식의 상징이다. 여기서부터 이 신화의 배경이 바다에서 땅으로 바뀐다. 무의식의 바다처럼 압도할 만큼 많은 양의 물 대신에 이슬과 같이 우리가 손쉽게 다룰 수 있는 양의 물이 주어진다.

　프시케의 특성은 순수하고 수려하며, 숭고하고 천상적이다. 그래서 수많은 사람들의 숭배 대상이 되지만, 반면 아무도 그녀에게 구혼할 엄두를 내지 못한다. 프시케는 남편감을 찾을 수 없다. 이런 상황은 프시케를 뼛속까지 외롭게 만든다.

모든 여성의 내면에는 프시케가 존재한다. 여성이 자기 안에서 프시케를 만날 때 폐부를 파고드는 외로움을 느끼게 된다. 이런 면에서 모든 여성은 부분적으로 왕의 딸, 즉 공주라고 할 수 있다. 왜냐하면 개개의 여성 안에 있는 프시케적인 부분이 이 세상을 위해서 매우 사랑스럽고 완전하며 심오하기 때문이다. 주변 사람들에게 이해받지 못하고 외로울 때나 정중하게 대해 주지만 어느 정도의 거리가 느껴질 때 여성은 자기 내면에서 프시케를 만나게 된다. 이 순간은 대단히 고통스럽다. 참기 어려울 정도로 외롭다. 이것이 바로 프시케의 특성이다. 그런데 이런 감정을 어떻게 풀어내고 다스려야 할지는 어디에서도 찾아 볼 수 없다.

그러나 일생을 살아가면서 자기 내면에 존재하는 프시케와 단 한 번의 손길도 닿아 본 적이 없고, 또 프시케를 만나려는 노력조차 하지 않는 여성도 많다. 프시케와의 결연은 더더욱 시도조차 않는다.

만일 여성이 자기 안에 존재하는 프시케적인 특성을 드러내어 그대로 표현해 버린다면 터무니없는 일이 벌어질 것이다. 프시케적인 성향이 아주 강한 사람이라면 갑자기 울음을 터뜨리며 "그렇지만 결국 아무도 나를 이해하지 못해"라고 말할 것이다. 이 말은 거짓이 아니다. 아무도 프시케적인 특성을 이해하지 못한다. 그러나 모든 여성의 내면에는 이런 특성이 존재한다. 만일 여성들이 자기 안의 프시케다운 특성을 인식할 수 있다면, 자기 안의 무의식적 특성을 의식으로 전환하여 자연스레 고귀한 진화를 시작할 수 있다. 이 과정이 바로 위대한 인간심리의 아름다움이다.

만일 특별하게 아름다운 여성이라면 문제가 훨씬 복잡하다. 미국의 영화배우 마를린 먼로Marilyn Monroe가 바로 좋은 예이다. 그녀는 많은 사람들에게 숭배되었지만, 그 누구와도 친밀한 관계를 유지하지 못했다. 결국 그녀는 더 이상 외로움을 참을 수 없었다. 이런 여성은 여신적인 특성을 지니고 있다. 가까이 할 수 없는 완전함을 소유하고 있는 것이다. 만일 이런 여성이 자신의 상황을 깨달을 수 있다면, 신화 속의 프시케처럼 진화의 발걸음을 내디딜 수 있을 것이다. 그렇지만 그 길은 결코 쉽지 않다.

언젠가 본 영화의 한 장면이 떠오른다. 어떤 정신병원에 흉측한 모습으로 갇혀 있는 두 남녀가 서로 사랑에 빠진다. 판타지라는 마술을 통해 이들은 서로를 무한히 아름다운 존재로 만들어 갔다. 아름다움으로 넘쳐나는 이 두 사람 사이에 사랑이 깊어 갔다. 그러나 영화의 마지막 장면에는 영상이 흐려지면서 일그러진 얼굴의 본래 모습이 드러났다. 관객들은 영화 속 주인공들의 실제 모습을 보고 있지만, 영화 속 커플은 서로 상대에게서 내면의 신과 여신을 만났던 것이다.

프시케는 부모의 걱정거리다. 두 언니들은 이미 이웃나라의 왕들과 결혼하여 행복하게 살아가는데, 프시케에게는 청혼조차 들어오지 않는다. 사람들은 프시케를 숭배만 할 뿐이다. 왕은 신탁을 들으러 간다. 그런데 우연히 여신 아프로디테의 신전으로 가게 된다. 아프로디테는 프시케란 존재가 신경에 거슬리고 질투가 나서 잔인한 신탁을 내린다. 프시케가 죽음과 결혼해야 한다는 것이다. 죽음은 인간이 상상할 수 있는 것 중 가장 추하고 두렵고 끔찍한 존재이다. 신탁은 프시케를 산꼭대기에 있는 바위에 묶어 두면 죽음이 다가와 그녀의 목숨을 앗아갈 것이라는 내용이었다.

그리스인들은 일단 입 밖으로 뱉은 신탁은 바꿀 수 없다는 믿음을 갖고 있었다. 신탁은 절대적이고 최종적인 메시지이기 때문이다. 프시케의 부모가 신탁을 그대로 받아들인 것은 당연한 일이다. 부모는 딸의 결혼행렬을 준비한다. 그러나 사실 그것은 장례행렬이다. 신탁의 메시지대로 프시케를 산꼭대기로 데려가 바위에 묶어 둔다. 눈물이 홍수가 되어 바다를 이룬다. 화려한 결혼식과 장례식의 어둠이 뒤섞인다. 프시케의 부모는 횃불을 끄고 칠흑 같은 어둠 속에 프시케를 남겨 두고 가버린다.

이 대목에서 생각해 볼 것은 무엇인가? 프시케의 결혼

은 피할 수 없는 운명이다. 조만간 남편이 바로 등장할 것이다. 그러나 이는 결코 행복한 만남이 아니다. 곧 다가올 남편이 바로 죽음이기 때문이다. 사실, 모든 신부는 결혼식 날 죽게 된다. 결혼이 바로 장례인 것이다.* 이 사실은 큰 교훈을 담고 있다. 우리들의 결혼 풍속은 실제 장례 풍속이다. 원주민 종족들의 결혼식을 살펴보자. 결혼은 곧 장례로 일생을 통해 거쳐 가는 최대의 변형이며, 또 기쁜 탄생이란 의미로 의례를 거행하고 축복한다. 현재 우리의 의례 형식은 원시 부족의 의례에서 기원하였다. 이들에게 결혼이란 납치를 의미하고 신랑 친구들은 납치범들이다. 신부 친구들은 신부의 처녀성을 지키는 수호자들이다. 만일 여기서 남성이 여성을 이길 수 없다면 그 남성은 남편이 될 자격이 없는 것이다. 현대의 결혼식에도 장례와 납치라는 의미의 잔재는 여전히 남아 있다. 그러나 현대인들은 결혼식 날 이런 의미를 떠올리지 않는다. 그럼에도 불구하고 수많은 신부들은 결혼식 날 눈물을 흘린다. 여성들은 본능적으로 결혼과 동시에 자기 내면의 처녀가 죽게 된다는 사실을 알기 때문이다.

현대인은 더 이상 이런 관습이나 의례의 이중성을 깨달

---

* 우리나라 제주 전통에 결혼식 때 입는 혼례복과 장례식 때 입는 호상복은 같은 옷이었다는 사실이 결혼식과 장례식의 상징적 의미를 잘 드러내 주고 있다.

거나 관찰하려 하지 않는다. 사실 결혼을 둘러싼 많은 문제는 여기서부터 파생된다. 우리가 의식을 하든 못하든 결혼의 이중성은 결코 피할 수 없다. 이는 현대인뿐 아니라 고대 그리스인들에게도 마찬가지였다. 그런데 현대인은 결혼의 이중성을 완전히 무시하려 한다. 결혼식에서 처녀의 죽음을 상징하는 것을 찾아 볼 수 없다. 모든 것이 밝고 행복하고 긍정적이라 결혼식 자체는 그야말로 핑크 빛이고, 기쁨만으로 가득한 것처럼 만들려고 애쓴다. 그러나 어느 곳에선가 죽어가는 부분을 나타내 주어야 한다. 그렇게 하지 않으면 나중에 결혼생활에서 문제가 발생한다. 십중팔구 훨씬 좋지 않은 시기에 이 문제와 마주치게 될 것이다. 그런 상황이면 대개 결혼에 대해 심한 분노를 체험하게 된다.

터키식 결혼식에서 파티하는 사진을 본 적이 있다. 아홉 살 정도 되어 보이는 소년들이 한쪽 발을 자신의 허벅지에 묶고 다른 발로 폴짝폴짝 뛰는 모습이었다. 이 이미지는 사람들에게 결혼은 기쁨과 상처가 함께 한다는 것을 상징적으로 보여주고 있다.

아프리카의 어떤 결혼식에서는 신부가 흉터를 그대로 드러낸 채 식장에 등장한다. 만일 신부에게 흉터가 보이지 않는다면 결혼식 자체를 인정하지 않는다. 이런 풍습은 야만적이라고 할 수 있다. 그러나 결혼의 실체는 이런 풍속에서 더욱 확실히 드러난다. 신부가 결혼식 두세 시간 전에

촛불
대표적인 의식의 상징으로 특히 7개의 초는 3이란 신의 숫자와 4란 인간의 숫자의 결합으로 소우주와 대우주 혹은 인류와 신과의 관계를 의미한다.

어머니에게 달려와 울음을 터뜨리는 것이 차라리 현명할지 모른다. 진정으로 결혼의 기쁨을 누리려면 결혼에 담긴 희생적인 요소를 수용할 필요가 있다. 여신 아프로디테는 처녀가 남성의 손에 죽게 되는 것을 원치 않는다. 남성에게 종속되는 것은 결코 아프로디테의 특성이 아니기 때문이다. 개개 여성의 내면에 있는 아프로디테는 결혼식 날 울음을 터뜨리거나 분노를 폭발시킨다. 때로는 둘 다 표현하기도 한다.

여기서 우리는 진화의 역설을 다시 한 번 보게 된다. 아프로디테가 프시케를 비난하고 죽음으로 내몬 장본인이지만, 동시에 중매쟁이 역할을 한 것이다. 아프로디테는 결혼에서 신부의 자유나 신부의 개성 그리고 처녀성을 잃는 것에 대해 분노하고 통곡한다. 여성이 결혼을 한 뒤 다음 단계로 심리적 진화를 시작하면 처녀로 누릴 수 있는 자기 결정권과 자유에 대한 열망은 퇴행한다.

결혼 자체는 강한 에너지를 불러일으키는 계기가 된다. 또 여러 에너지들이 느슨해져 표면으로 드러나는 시기이다. 언젠가 결혼을 둘러싼 원형적 에너지를 천재적으로 집약해 놓은 만화를 본 적이 있다. 만화는 양쪽 부모들의 다양한 생각을 표현하고 있었다. 신부의 아버지는 자기에게서 사랑하는 딸을 훔쳐낸 뻔뻔스런 녀석에게 분개했다. 신랑의 아버지는 결혼식 날 하루뿐일지라도, 공동체에서 남성우위를 드러낸다는 사실에 승리감에 도취되어 기쁨을 만끽했다. 신부의 어머니는 자기 딸을 범하는 짐승 같은 녀석에게 소름끼쳐했다. 신랑의 어머니는 자신의 순진한 아들을 꼬여낸 여자에 대해 혐오감을 느꼈다. 결혼을 둘러싼 모든 원형이 이 만화에 묘사되어 있다. 이것이 바로 고대로부터 긴 세월 동안 진화를 거듭하면서도 변함없이 인간의 무의식 깊이 저장되어 있는 원형이다.

3 | 에로스 *Eros*

| 에로스 |
사랑의 신. 에로스의 화살에 맞으면 인간뿐 아니라
그리스 신들조차 사랑에 빠지게 된다.

3

 아프로디테가 프시케를 파괴하는 데는 보조자가 필요하다. 그 역할은 아프로디테의 아들이자 사랑의 신인 에로스가 맡는다. 이 사랑의 신 에로스Eros는, 아모르Amor, 큐피드Cupid 등 다양한 이름으로 불리운다. '큐피드'는 밸런타인데이 카드 수준으로 통속화 되었고 '아모르'는 위엄 그 자체로 알려졌기 때문에 여기서는 '에로스'라는 이름을 사용하려 한다.

 에로스의 화살통에는 화살이 가득 담겨 있다. 화살의 위력은 올림포스 산에 있는 모든 신들이 두려워할 정도이다. 에로스의 화살의 힘은 제우스 신조차도 피할 수 없다. 어머니 아프로디테만이 에로스를 완전히 통제할 수 있다.

아프로디테는 에로스에게 프시케를 향해 사랑의 화살을 쏘도록 명령한다. 프시케가 죽음과 사랑에 빠져서, 더 이상 자신의 아름다움과 권위에 도전하지 못하게 말이다. 아프로디테가 가지고 있는 특질 중 하나는 끊임없이 퇴행하려는 성질이다. 여신은 사물을 원래 태어났던 자궁으로 되돌리려 한다. 진화가 역으로 진행되기를 원하는 것이다. 그래서 혹자는 아프로디테를 전통의 목소리라고도 한다. 아이러니하지만 이 목소리를 현명하게 사용하여 창조적으로 바꿀 수 있다.

에로스는 다양한 각도로 바라볼 수 있다. 에로스를 남성으로 본다면 남편이나 그 외 일반적인 남성일 수 있다. 또 여성의 심리 내면에 존재하는 남성성인 아니무스로 볼 수도 있다. 여기서는 두 측면을 다 다루어 보려 한다.

에로스는 어머니가 시키는 대로 한다. 그러나 에로스는 프시케를 보는 순간 실수를 저지른다. 자신의 화살에 손가락을 베어 프시케와 사랑에 빠지게 된다. 그 자리에서 프시케를 아내로 맞을 결심을 한 에로스는 친구인 서풍으로 하여금 프시케를 부드럽게 안아 산꼭대기에서 낙원의 골짜기에 내려놓게 한다. 최악의 상황을 기다리고 있던 프시케는 천상에 있는 자신을 발견하게 된다. 프시케는 에로스에게 아무런 질문도 하지 않는다. 눈꽃이 피어나는 궁전에 천상의 음악과 최고의 음식, 종일 계속되는 연회와 자신을 보살피는 수많은 시녀들. 프시케는 아름다움과 최상과 극치에 에워싸여 있다. 이 공간을 한번 상상해 보라! 프시케가 에로스에게 아무 질문도 않는 건 너무나 당연하다. 죽음을 피한 것만으로 충분하다. 프시케는 더 이상 필요한 것도 원하는 것도 없다. 가끔 우리는 현 시점에서 충분히 진화가 이루어졌기 때문에 더이상 원하는 것이 없다고 느끼기도 한다.

죽음의 산정에서 프시케의 경험은 이상한 것이었다. 쉰 살이 넘은 중년의 나이에도 죽음의 산에 단 한 번도 오른 적이 없는 여성이 있다. 이들은 중년을 지난 나이에도 여전히 '이슬적인 특질'을 지니고 있다. 그러나 열여섯의 소녀가 죽음의 산이 어떤 것인지 아는 경우도 있다. 이들은 죽음의 산을 체험했고 그곳에서 생존하였다. 이들의 눈에는 두려움이 서려 있다.

죽음의 산정 체험은 나이와 상관없이 이루어진다. 나는 16세에 아이를 낳은 여성을 알고 있다. 임신을 한 그녀는 모든 일을 혼자 해결하기 위해 살던 곳을 떠났다. 그녀의 아이는 태어나자마자 입양되었고 이후 그녀는 한 번도 아이를 보지 못했다. 그녀는 살던 곳으로 되돌아왔다. 마치 아무 일도 없었던 것처럼 일상이 진행되었다. 그녀는 아픈 경험을 통해 배운 것이 하나도 없었다. 여러 해가 지난 뒤 그녀는 결혼을 했다. 만일 누군가를 '처녀'라고 부른다면 바로 그녀가 처녀이다. 그 여성은 아이를 낳았지만 심리학적 처녀는 건드려지지 않았다.*

개개 여성의 내면에 존재하는 프시케는 여성의 전 생애를 통해 내면에 있는 '지나친' 순진함을 앗아간다. '지나친' 순진함이 사라지는 과정은 결혼을 통해서 일어나는 것만은 아니다. 어떤 소녀들은 16세 때 이런 과정을 겪는다. 그렇지만 16세에 바위에 묶여 혼자 산꼭대기에 버려져선 안 된다.

남성에게 결혼은 여성이 생각하는 의미와는 완전히 다르다. 남자는 결혼으로 자신의 발달 과정에 한 부분을 덧붙이게 된 것이다. 남성의 세계는 결혼으로 강화되고 삶의 기반이 튼튼해진다. 남성은 자기가 아내 내면에 존재하는 프시케를 죽게 만든다는 사실을 이해하지 못한다. 그러나 이 역할을 남성이 해야만 하는 것 또한 사실이다. 살면서 아내가 이해할 수 없는 행동을 하거나 삶 자체의 기반이 완전히 무너지는 듯 행동할 경우 결혼생활이 끔찍할 정도로 악화될 수도 있다. 남성은 대개 자신과 아내가 생각하는 결혼이 완전히 다를 수 있다는 사실을 이해하지 못한다.

신화로 되돌아가자. 프시케는 자기가 살고 있는 낙원이 얼마나 웅장한지 알게 된다. 그녀가 원하는 것은 뭐든지 가

---

* 이 부분에서 '심리학적 처녀'의 의미는 순진함을 넘어 어리석을 정도로 세상을 지나치게 감성적으로 보는 태도나 시각을 의미하는 것으로 생각된다.

질 수 있다. 남편 에로스는 매일 밤 그녀와 함께 보낸다. 그러나 금기 사항이 있다. 절대로 자신을 쳐다보지 않겠다는 것과 그가 어디에 가든지 절대 묻지 않겠다는 약속을 받아낸다. 프시케는 원하는 것은 뭐든지 가질 수 있고, 낙원에 살 수 있지만 에로스가 누군지 알려해서는 안 된다. 프시케는 이 제안을 받아들인다. 프시케는 에로스의 아내이기를 원하고 에로스가 원하는 것이면 무엇이든 따르려 한다.

사실 거의 모든 남성이 아내에게 이런 것을 바란다. 만일 아내가 자신의 의식발전을 위한 질문을 하지 않고 그저 자신에게 순종하기만을 바란다면 그런 남편은 가부장적인 결혼형태를 원하는 것이다. 이런 결혼에서는 남성이 주요한 결정을 하고 여성은 그저 남편에게 "예"라고 하면 아무 문제가 없을 것이다. 이런 성향을 가진 남성은 한 동안은 자기가 원하는 식으로 결혼생활을 꾸려갈 수 있다.

어떤 이유에서건, 여성의 내면에 존재하는 프시케는 짧은 시기나마 이런 단계를 거쳐야 한다. 이 시기 여성은 남성에게 완전히 복종한다. 이것은 원형적인 차원이라 피할 수 없다. 그러나 결코 이곳에 오래 머물러서는 안 되지만 잠시의 경험은 필요하다. 이것은 여성이 남성에게 복종하던 원시 가부장적인 시대의 잔재들이다. 프시케는 이런 가부장적인 경험을 하는 것이다. 에로스는 그녀에게 어떤 질문도 하지 말 것을 요구한다. 프시케는 에로스의 뜻에 따르며 그들만의 낙원에서 만족하며 살아간다.

성숙하지 못한 에로스들은 이런 낙원을 만든다. 사춘기 소년들은 여성을 안아 나르고 죽는 순간까지 행복하게 살 것을 약속한다. 이것을 은밀한 단계의 에로스라 할 수 있다. 낙원은 원하지만, 어떤 책임도 아내와 의식적인 관계로 발전하는 것도 원치 않는다. 모든 남성의 심리에 이런 면이 조금씩은 있다. 남성은 진화를 요구하는 여성의 목소리를 두려워 한다. (신화에서 진화는 대부분 여성적 요소에 의해서 이루어진다.) 남성은 그저 낙원에 머무르길 원한다. 그러나 모든 낙원은 의심스런 장소이다. 소위 말하는 낙원이란 모든 것이 원활하게 돌아가는 곳이 아니다. 에로스의 유치함과 소년다움이 바로 낙원을 요구하는 것이다.*

사랑하는 연인들이 낙원을 창조하는 이야기를 한번 들어 보라. 참으로 재미있고 아름답다. 누군가 이들의 이야기를 듣다가 "봐라. 그렇지만 삶이 그런 식으로 진행되지는 않을 걸"이라고 말할지 모른다. 그러나 이런 충고는 사랑하는 연인들에게 전혀 들리지 않는다. 그들이 낙원에 있기 때문이다.

남성의 무의식에는 아내가 자기에게 어떤 질문도 하지 않고 그저 동의하기를 바라는 부분이 있다. 결혼을 바라보

---

* 심리학적 용어로 에로스는 순수한 푸에어 에더니스 Puer eternis 원형인데 영원한 젊음 그 자체이다.

독수리 날개 달린 처녀
처녀성이 강조된 이유는 처녀가 신비로운 힘을 지닌다는 믿음에서 기원한다. 로마의 베스타나 그리스의 여성 예언자들에게 금욕을 강요한 이유는 이들이 신탁을 받을 능력이 있다고 믿었기 때문에 신과의 대화를 원활히 수행하도록 하기 위함이다.

는 남성의 태도는, 자신을 위해 돌아가야 할 집은 필요하나 그 집이 골칫거리는 아니어야 한다는 식이다. 남성은 다른 일에 몰두할 때 집에 대한 생각을 까맣게 잊어버린다. 여성이 남성의 이런 측면을 발견하게 되면 큰 충격을 받는다. 여성에게 결혼은 모든 것에 대한 서약이다. 그러나 남성은 그렇지 않다. 자신에게는 결혼이 삶의 전부였는데, 남편에게는 삶의 일부일 뿐이라는 사실을 알게 된 뒤 며칠 간 울었다는 여인을 만난 적이 있다. 이 여인은 남편에게서 자신만의 낙원을 만드는 에로스의 특성을 발견한 것이다.

4 | 그림자 *Shadow*

| 눈 멈 |

사물의 실체를 파악하지 못하고
무지나 진실을 알려 하지 않는 여인의 이미지.
알 수 없고 질문할 수도 없는 낙원이 프시케를 눈 멀게 만든다.

4

낙원은 반드시 사라진다. 낙원마다 뱀 같은 존재가 있다. 그것이 바로 낙원의 특성이다. 뱀 같은 존재는 낙원이 반대되는 상황으로 하루빨리 바뀌기를 바란다. 그리스도교의 낙원인 에덴동산에는 뱀이 살고 있다. 프시케의 낙원 안에도 깨달음의 길로 나아가게 하는 뱀과 같은 요소가 숨어 있다.

프시케의 두 언니가 바로 그런 존재이다. 언니들은 프시케를 잃어버린 사실이 슬펐지만 견디기 힘들 정도는 아니었다. 어느날 이들에게 프시케는 낙원에 살고 있고, 그녀의 남편은 신이라는 소문이 전해진다. 이성을 잃을 만큼 질투심이 끓어오른다. 언니들은 프시케가 묶여 있었던 죽음의 산정에 있는 바위로 찾아가서 낙원에 살고 있는 프시케를 부른다. 먼저 프시케가 잘 살기를 바라는 염원을 전하고 프시케의 건강에 관해서도 묻는다.

순진한 프시케는 에로스에게 모든 사실을 말한다. 에로스는 프시케가 엄청난 위험에 처해 있음을 거듭거듭 경고한다. 언니들의 질문에 관심을 기울이면 무서운 재앙이 닥칠 것이라고 경고한다. 덧붙여 그 재앙이 어떤 것인지도 말해 준다. 프시케가 자신에게 어떤 질문도 하지 않는다는 약속을 지킨다면 그녀가 낳을 아이는 죽음에서 자유로운 신이 될 수 있지만, 만일 약속을 깨고 질문을 한다면 아이는 인간으로 태어날 것이라고 말한다. 그리고 또 자신은 사라져 버릴 것이라고 경고한다.

프시케는 결코 질문을 하지 않겠다고 에로스에게 다시 한번 다짐한다. 그러나 언니들은 계속해서 찾아와 프시케를 불러댄다. 결국 프시케는 언니들이 자기를 방문할 수 있도록 에로스의 허락을 받아낸다. 잠시 뒤 언니들의 몸이 바위 위에서 가볍게 날아올라 정원에 사뿐히 내려진다. 언니들은 눈 앞에 펼쳐진 모든 것에 감탄한다. 후한 대접을 받고 구경도 잘하지만 동생의 행운에 대해 시기심으로 가득 찬다. 언니들은 프시케에게 여러 가지 질문을 한다. 순진한 프시케는 아무런 의심 없이, 남편은 갓 수염이 나기 시작한 아주 젊은 사람이며 주로 사냥을 하며 지낸다고 대답한다.

언니들이 돌아갈 때는 진귀한 선물을 한 아름 싸서 돌려보낸다.

에로스는 거듭 경고한다. 그래도 프시케는 언니들의 방문을 다시 한 번 허락한다. 프시케는 이전에 언니들에게 했던 말을 잊어버리고 남편은 머리가 희끗희끗해지는 중년인데 세상사에 정통하다고 말한다. 언니들은 음흉한 계획을 세운다. 언니들이 세 번째 나타나서는 프시케의 남편은 본래 아주 흉측한 구렁이이며, 아기가 태어나면 프시케와 아기를 잡아먹을 것이라고 모함한다.

언니들은 이 상황을 피할 수 있는 묘안을 프시케에게 제시한다. 등불을 준비해 등불을 넣는 집을 만들어 침실에 보관하라고 한다. 그리고 가능한 한 가장 날카로운 칼을 준비하여 의자 속에 숨겨 두라고 한다. 한밤중에 남편이 잠들었을 때 날카로운 칼을 빼내어 잔인하고 흉측한 구렁이의 머리를 잘라 버리라고 한다.

프시케는 언니들의 음모에 넘어가 모든 준비를 마친다. 한밤중에 불을 밝힐 수 있도록 등불을 준비하고, 칼은 날카롭게 갈아 둔다. 어두워진 뒤에 돌아온 에로스는 프시케 옆에 누워 잠이 든다. 프시케는 한밤중에 일어나 한 손에는 등불을 들고 다른 손에는 칼을 거머쥐고 남편의 얼굴을 들여다본다. 뜻밖에도 남편은 신이었다. 그것도 올림포스 산에서 가장 아름다운 존재인 에로스신. 프시케는 에로스의 아름다움을 직접 보게 된 것이다. 놀랍고 당황한 한편 죄책감에 빠진 프시케는 자살을 하려고 칼을 치켜들었으나 그만 칼을 떨어뜨리고 만다. 이때 실수로 에로스의 화살을 건드려 상처를 입는다. 프시케는 이 순간 사랑에 빠진다.

또 급히 등불을 치우려다가 그만 기름 한 방울을 에로스의 오른쪽 어깨 위로 떨어뜨린다. 통증에 잠을 깬 에로스는 곧 모든 일을 알게 된다. 에로스는 즉시 어디론가 날아갈 준비를 하고, 프시케는 에로스의 몸에 절박하게 매달린다. 매달린 채 낙원 밖으로 나오게 되는데 얼마 가지 않아 프시케는 지쳐서 황량한 땅 위로 떨어진다. 에로스도 가까이 내려선다. 그리고 프시케가 자기와의 약속을 어겼다고 말한다. 자신이 경고했듯이 프시케가 출산할 아기는 인간으로 태어날 것이고, 자신은 프시케를 혼자 버려두고 떠나겠다는 말만 남기고 어디론가 날아가 버린다.

수세기 동안 이 드라마는 수많은 결혼들을 통해 재생산되고 재시연되어 왔다. 이렇게 시적이고 고상한 언어로 되어 있는 고대의 신화가 여성에 관해, 그리고 또 남성과의 관계에 관해 어떤 메세지를 말하고 있는가?

프시케의 언니들은 여성 내면에 있는 외부에서도 흔히 찾아볼 수 있는, 불평과 잔소리를 늘어놓는 존재이다. 언젠가 나는 빌린 악기를 돌려주려고 친구집에 갔다가 우연히 부엌에서 흘러나오는 이야기를 듣게 되었다. 여성들이 모여 자신의 결혼과 남편에 대한 불만을 털어놓고 있었다. 나는 그 자리에서 프시케의 두 언니들의 목소리를 들을 수 있었다. 그들의 이야기는 너무 극단적이었다. 나는 되도록 빨리 그 자리를 떠날 수밖에 없었다. 독이 서린 대화를 듣고 있을 수만은 없었기 때문에 프시케의 언니들은 이런 자리에서 활동한다.

물론 긍정적인 측면도 있다. 두 언니에 의해서 프시케의 의식이 일깨워진다. 남편이 누구인지도 알게 된다. 그러나 이런 방법을 통해 의식을 확장할 때 비싼 대가를 치르게 되는데, 오래된 질서를 한식간에 뒤집는 것과 같기 때문이다. 의식의 발전, 즉 성장을 위해 우리는 프로메테우스Prometheus의 대가를 지불하기도 한다.*

나는 개인적으로 여성의 심리 속에 있는 두 언니와 같은 특질을 두려워한다. 그러나 그 특질이 바르게 표출된다면 굉장히 쓸모 있고 본질적일 수 있다. 그렇다고 해서 여성의 의식성장을 위해서 잔소리꾼 언니들이 꼭 필요하다는 말은 아니다. 더러는 의식이 전혀 성장하지 못하는 여성도 있다. 그 자리에 못이 박히듯이 고정되어 버리는 것이다. 그 예로, 어떤 여성은 죽음의 산 정상에 있는 바위에 묶

---

* 신에게서 불을 훔쳐 인간에게 전해 준 프로메테우스는 절벽의 바위틈에 묶여 낮에는 까마귀가 와서 간을 파먹고 밤이면 그 간이 재생되는 극형을 받는다. 인간은 불로 인해 크게 발전하지만, 이 행위로 프로메테우스는 상상을 초월할 정도로 고통스런 형벌을 받게 된다.

인 채 일생을 보낸다. 이런 여성은 남자란 죽음의 사자라는 무시무시한 이미지만 갖고 살아간다.

어떤 여성은 용에게 잡아먹히게 됨으로 사랑을 체험한다. 이런 경우 언니들이 하는 말은 진실이다. 에릭 노이만은 죽음이 프시케를 삼켜 버렸다고 표현한다. 에로스가 등장할 때, 그의 모습은 아름다움 그 자체이지만 프시케에게 에로스는 바로 죽음이다. 어떤 면에서는 모든 남편이 자기 아내에게 죽음을 의미한다. 남편은 강압적으로 아내의 처녀시절을 파괴하고 성숙한 여인으로 진화하도록 힘으로 밀어붙인다. 그런데 역설적이게도 사람들은 이렇게 진화하도록 내모는 사람들에게 감사와 동시에 분노를 느낀다. 신탁이 맞았다. 남성은 여성에게 원형적인 의미로는 죽음이다. 아내의 얼굴에서 짜증이 엿보일 때 그때가 바로 남성이 부드러워지고 섬세하게 대처해야 할 때이다. 이럴 때 여성은 자기 안에서 소녀로서의 삶이 조금씩 죽어가고 있다는 사실을 깨닫게 되는 순간일지 모르기 때문이다. 이럴 때 남편은 아내를 수용하고 편안하게 대해야 한다.

남성들은 자신의 삶에서 이같은 경험을 해본 적이 없기 때문에 여성의 내면에서 일어나는 '죽음과 부활'을 이해하지 못한다. 여성이 결혼으로 남성에게 희생을 하는 것이 아니라 희생은 본래 여성이 지니고 있는 주요한 특질이다. 어느 날 아내가 공포에 가득찬 눈길로 남편을 쳐다볼 수 있

올빼미
어두움 속에서 볼 수 있는 새로 지혜와 인내와 내적 성찰의 상징이고 그리스에서는 지혜의 여신 아테나의 새이다.

다. 자비라는 덫에 걸려 남편에게 갇혔다는 사실을 깨닫게 되기 때문이다. 아이가 있을 경우라면 남편이 훨씬 더 피곤하게 느껴질 것이다.

혼인관계에 관한 진실을 말하자면, 여성은 남편과의 관계에서 일련의 복잡하고 이해하기 힘든 단계들을 거치게 된다. 남편은 사랑의 신이자 동시에 산정에서의 죽음이다. 남편은 낙원에 있지만 불확실한 존재이고, 아내가 의식 성장을 원할 때 검열관 역할을 한다. 그렇지만 아내가 자신의 여신적인 부분을 이해하는 단계에 도달한다면 남편은 올림포스 산정에 있는 사랑의 신이 된다. 남성 역시 이런 상황을 두려워하는데, 이 시기엔 집으로 돌아올 때 문 앞에서 조금은 신중해질 것이다. 오늘은 그에게 어떤 역할이 주어질 것인가. 여기에 남성의 아니마가 함께 얽히면 이야기는 점점 복잡해진다. 그럼에도 불구하고 이 이야기는 아름답다.

두 언니들은 생각지도 못했던 곳에서 등장하여 진화를

요구하는데 그들을 프시케의 그림자shadow로 볼 수도 있다. 융은 심리적으로 개인이 개발할 수 있는 완전한 가능성 중에서 억압되거나 살아내지 않는 측면을 그림자라고 한다. 억압된 측면은 사라지는 것이 아니라 원시적 상태로 남아 있거나 점점 어두워져서 위협적으로 변한다. 선해지거나 악해질 수 있는 가능성이 억압되어 무의식에 남아 있는 것이다. 이 부분은 저절로 폭발할 때까지 무의식에서 에너지를 모아들인다. 마치 언니들이 프시케의 삶에 예고 없이 찾아왔듯이 모아진 에너지는 뜻하지 않은 곳에서 드러나게 된다.

프시케처럼 순수한 사랑과 부드러운 눈길로만 자신의 삶을 바라본다면, 자기 안의 어두운 측면을 모르고 지나갈 수도 있다. 그러나 결국 어두운 면이 우리를 자기만족이나 순진한 낙원으로부터 떠밀어 내어 '진정한 깊이'라는 새로운 세계를 발견하게 만든다.

융은 진화를 향한 요구는 그림자로부터 일어난다고 말했다. 이 신화에서 드러나는 언니들의 이미지는 별로 사랑스럽지도 않고 일상을 살아가는 현실적인 여성을 대변하

---

* C. S. 루이스가 ≪Till We Have Faces≫라는 소설에서 프시케와 에로스 신화를 현대감각으로 재창작했다. 프시케는 자신의 어리석음과 순진함을 사랑스러움과 동일시한다. 루이스는 상대적으로 덜 사랑스러워 보이는 언니들의 입장에서 이 신화를 재해석한다.

지도 않는다. 하지만 결과적으로 프시케의 그림자로서 프시케의 의식을 진화하게 만든다.*

5 | 아니무스 Animus

| 칼과 등불 |
여성이 성장하는 데 꼭 필요한 두 가지 상징물이다.
칼은 냉철한 이성, 식별, 판단, 분리를 뜻한다.
등불은 위협적이지 않고, 잘 보존된 빛이다.
빛은 의식의 상징이자 그것을 보유하는 여성의 능력을 의미한다.

5

 에로스는 프시케가 그저 무의식 상태에 머물러 있도록 심혈을 기울였다. 자신의 얼굴을 보지 않는다면 낙원에서 계속 살 수 있을 것이라고도 약속했다. 에로스는 이런 방식으로 프시케를 통제했다.

 여성은 일생에서 일정 시간 동안은 자신의 내면에 존재하는 남성 혹은 내면의 신 아니무스의 지배하에 살아간다. 에로스가 만든 낙원에서 내면에 존재하는 의식적 깨달음에 대한 욕구는 침묵한다. 질문은 허용되지 않는다. 남성과 진정한 관계를 맺을 수도 없다. 남성의 보이지 않는 통제에 완전히 굴복하고 산다.

 마침내 여성이 자기 내면의 아니무스의 지배에 도전하

여 "이제부터는 내가 너를 지켜보겠다"라고 선포한다면 이것은 한 여성의 내면의 삶에 있어서 대단히 주요한 전기가 된다. 자신의 내면에서 인간의 차원을 넘어선 어떤 존재를 만나게 된다. 이를 '신'이라고 부르든 '원형'이라고 부르든, 이런 선포를 한 결과로 여성은 견디기 어려운 심한 외로움에 빠진다. 이 외로움 때문에 교착상태, 통제상태, 낙원에서의 삶이 오래 지속될 수 있는 것인지도 모른다. 본능적으로 여성은 아니무스에 사로잡힌anims possession 상태에서 깨어나면 지옥 같은 외로움을 겪게 된다는 사실을 안다.

수많은 여성들이 내면적인 남성성인 아니무스가 자신을 통제하고 있다는 사실을 일상에서 경험은 하지만 인식하지 못한다. 일전에 한 여성이 자신의 꿈 이야기를 하러 찾아왔다. 꿈속에서 이 여성은 아주 소중한 뭔가를 만들고 있었다. 그때 아니무스 인물이 나타나서 "그것을 내게 줘"라고 말했다. 그녀는 시키는 대로 했다. 이야기를 듣던 나는 자리에서 벌떡 일어섰다. 그리고 그녀에게 "집으로 곧장 돌아가서 그 꿈을 다시 꾸시오. 꿈속에서 아니무스를 만나 이것만은 절대 내줄 수 없다고 분명히 말하시오"라고 했다.

일단 여성이 자신의 아니무스를 알고 나면 아니무스는 더 이상 그 여성의 심리를 지배하지 못한다. 그때부터 아니무스와 관계가 시작되기 때문이다. 일단 관계를 시작하면 더 이상 아니무스에게 끌려가지만은 않는다.

에로스가 시키는 대로만 하면 프시케의 아기는 신으로 태어날 것이다. 여기서 신이란 완전히 무의식적인 존재이다. 아무런 질문도 하지 않고, 에로스의 본 모습을 궁금해하는 의식의 등불을 켜지 않는다면 프시케는 '완전히 무의식 상태'로 살아가게 된다. 그러나 '완전한 무의식 상태'란 불가능하다. 여성들은 시간도 존재하지 않는 원시상태에서 사는 것을 원하지 않는다. 그렇게 살기를 원하는 여성이 있다면 그들은 현대사회와는 완전히 단절될 것이다. 현대 여성은 질문을 하고, 등불을 들고 자신의 의식의 확장을 끊임없이 주장한다.

이 이야기에서 가장 귀중한 상징이 바로 '두 언니가 제안'한 곳에 등장한다. 프시케는 '등불과 칼'을 준비하라는 조언을 받는다. 만일 여성이 자기 안의 빛과 칼을 사용할 수 있는 능력을 깨닫는다면 살아가는 동안 굉장히 유용할 것이다. 그러나 실제 '등불과 칼'로 현대여성들은 무엇을 하는가? 두 언니는 프시케에게 남편의 몸 어느 부분에 칼을 찔러넣어 죽여버리란 말까지 한다. 이야기에서는 흉측한 괴물의 머리와 몸 사이로 칼을 찔러 머리를 잘라 버리라고 한다.

여기서 심오하고 강력한 법칙 하나를 말할 수 있다. 여성은 등불은 사용하되 칼을 사용해서는 안 된다. 칼은 개인적인 용도로 써야 한다. 명쾌한 식별을 위해서나, 애매모호

한 것을 잘라낼 때만 사용해야 한다. 여성은 칼은 내적으로 사용해야 하는 것이다. 만일 여성이 결혼생활 중 어려운 시기에 등불을 먼저 비추어 보아야 한다는 사실을 기억한다면 그 여성은 칼을 써야 할지 말아야 할지 선택할 수 있다. 그런 다음 다시 등불을 밝혀 자신이 한 행동을 자세히 볼 수 있다.

여성이 쏟아 붓는 말도 칼에 해당한다. 이는 남성을 몰아붙일 만큼 파괴적이다. 파괴적인 말은 남성을 일그러지게 만든다. 이런 상황은 남성이 일상에서 만나는 여성뿐만 아니라 자기 내면의 여성인 아니마와의 관계를 제대로 풀지 못할 때 나타날 수도 있다. 칼은 단절을 가져올 뿐 아니라 냉소적이기까지 하다. 등불은 이용하되 칼은 사용하지 말라는 법칙은 남성의 아니마에게도, 그리고 남성이 만나는 여성에게도 마찬가지로 적용된다.

그러면 등불은 무엇이며 또 무엇을 비추는가? 신화에서 에로스가 신이라는 사실을 밝혀 준다. 여성은 자신의 의식의 등불로 남성의 가치를 비추어 드러내 주는 능력이 있다. 이런 능력을 잘 적용하면 남성은 자신이 누구인지를 깨달을 수 있다. 또 남성은 자기 내면 어딘가에 자신은 신이며 장엄한 존재라는 사실도 알게 된다. 여성이 등불을 켜서 그 남성의 내면에 살고 있는 신의 이미지를 보여줄 때, 남성은 자기 안에 있는 신적인 부분을 살려내야 한다는 사실을 깨닫는다. 그럴 때 남성은 의식이 확장된다. 이런 순간 남성은 전율한다!

아직까지도 남성이 자신의 존재가치를 인식하는 데 여성의 인정이 필요한 듯하다. 남성의 삶에서 여성이 결핍되면 상상하기 어려운 일들이 일어난다. 개개인 남성에게 자기 안에 있는 최선을 일깨워주는 존재가 바로 여성이기 때문이다.

2차 세계대전 동안 알류샨Aleutian*에 배치되어 고립된 군인들이 있었다. 교통수단이 좋지 않아 이들은 그곳을 떠날 수 없었다. 위문단들도 그 지역에는 들어가지 않았다. 나중에 이들 중 반 이상이 신경 쇠약에 걸렸다. 이들은 면도도 하지 않았고 이발도 하지 않았다. 사기는 땅에 떨어졌다. 여성이 없었기 때문일 것이다. 이들에겐 에로스의 얼굴을 들여다보아 주는 프시케가 없었고, 남성의 가치를 밝혀 드러내 주는 여성이 없었다.

남성은 아무리 용기를 잃게 되더라도 그를 바라보는 여성이 있다면 존재감을 회복할 수 있다. 남성의 심리에는 특히 빈 공간이 존재하는 듯하다. 남성들은 대부분 여성, 아내나 어머니로부터 가장 심오한 자기가치에 대한 확신을 얻게 된다. 의식이 높은 남성이라면 자신의 아니마로부터

---

* 알류산 열도. 알래스카 반도 서쪽의 일련의 섬들.

확신을 얻을 수 있다. 여성은 등불을 밝혀서 남성의 가치를 비추어 드러내어 준다.

언젠가 아내가 칼을 마구 휘두르는 부부싸움의 현장에 있었던 적이 있다. 아내는 남편이 잘못한 내용을 적어놓은 긴 목록을 내놓았다. 끝부분에 남편이 사무실에서 너무 늦게 집으로 돌아온다는 사실에 대한 불만도 있었다. 이를 읽은 남편이 "내가 당신을 위해 그렇게 늦게까지 사무실에서 일한다는 사실을 이해하지 못하겠어?"라고 말하자, 아내의 분노는 무너져 내렸다. 처음으로 남편에게서 이런 말을 들은 것이었다. 아내는 남편에게 속마음을 털어놓을 기회를 준 적이 없었을 수도 있다. 이들의 결혼생활은 갑자기 새로운 차원으로 발전했다. 아내가 등불을 들고 자세히 남편을 들여다 보았더라면 이런 사실은 진작에 알 수 있었을 것이다.

남성은 가족을 인도할 빛을 많은 부분 여성에게 의존한다. 누군가 남성에게 삶의 의미를 부여해 주지 않는다면 남성의 삶은 메마르고 건조해진다. 여성은 단 몇 마디 말로 남성이 하루 종일 힘겹게 한 일에 대한 의미를 부여해 줄 수 있다. 남성은 오히려 힘든 일에 감사할 것이다. 남성은 여성이 자신을 위해 빛을 밝힐 수 있는 상황을 만들어 갈 것이다. 남편이 집으로 돌아와 그 날 있었던 일들을 자세히 이야기할 때는 아내가 그 사건들의 의미를 부여해 주기를

칼
정의와 권의의 대표적인 상징이자 동시에 칼날 같은 이성의 상징이다.

원하는 것이다. 이것은 여성이 가진 빛을 보유하는 특질의 일부이다.

빛을 감지하거나 인정하는 그 자체가 불같은 체험이다. 이런 체험은 남성을 자극하여 깨달음으로 인도한다. 부분적이나마 이것이 바로 세상의 모든 남성들이 이토록 여성을 두려워하는 이유이다. 여성이나 남성의 아니마가 종종 남성을 새로운 의식으로 인도한다. 대부분 여성이 먼저 "여기 앉아서 우리가 지금 어디 있는지 이야기 해보자"라고 말한다. 남성은 이런 것에 익숙하지 않다. 여성은 남성을 위해 진화의 매개자가 된다. 여성은 종종 남성에게 새로운 차원으로 관계를 발전시키도록 빛을 비춘다. 남성은 실제 등불을 가지고 있는 여성에게 감사한다. 남성은 자신들이 인정하는 것보다 훨씬 더 많이 여성의 빛에 의존하고 있다.

기름은 여성의 특질이다. 누군가 식물성 기름과 이끼 심지를 이용해 오래된 등불을 밝힌다고 한 것을 기억한다.

올리브기름은 대단히 여성적이다. 우리는 "기름에 끓인다"라는 표현도 쓴다. 상징은 항상 양면을 지니고 있다. 기름은 빛을 주지만 동시에 에로스에게 화상을 입히기도 한다.

여성의 빛은 찬란하게 아름답다. 여성이 비쳐 주는 빛보다 더 고운 빛은 없다. 유대 전통에 금요일 저녁 안식일의 초는 반드시 여성이 밝힌다. 일반적 상식으로 초를 켜는 사람은 남성이라고 생각할 수 있지만, 안식일을 시작하는 사람은 바로 여성이고 여성이 빛을 준비한다.

이 신화에 등장하는 등불은 빛을 보유하는 여성의 능력을 상징한다. 일루시니안Elucinian 신비 의례에서도 여성들이 횃불을 들고 있다.* 횃불은 특별히 더 여성적인 빛이다. 횃불은 주변을 순식간에 부드럽게 밝혀 준다. 그리고 바로 앞을 비추어 준다. 횃불은 넓고 강렬하게 비추지만 한 순간 사라져 버리는 우주적이고 남성적인 빛인 태양과는 다르다.

여성은 횃불이라는 부드러운 빛을 지니는 동시에 칼도 가지고 있다. 칼은 상처를 입힐 수도 또 죽일 수도 있다. 남성은 빛과 칼에 다 취약하다.

여성과 가까이 있으려는 남성의 갈망이 어느 정도인지 이해하는 여성은 거의 없다. 그렇다고 해도 남성의 이런 갈

---

* 일루시니안 신비란 그리스에서 여성의 몸의 신비와 대지의 비옥함을 축복하던 여성들만의 비밀 의례였다.

망이 여성에게 짐이 되어서는 안 된다. 여성은 또 일생을 여성적으로 되는데 소비해서도 안 된다.

    남성이 자기 내면의 여성성을 발견하고 내면의 여성과 건강한 관계를 유지하게 되면 일상에서 만나는 여성에게 덜 의존하게 된다. 남성은 잘 드러내지는 않지만 항상 여성을 갈망하고 있다. 만일 여성이 남성에게 가장 소중한 선물을 주고 싶다면, 그리고 진정으로 남성의 갈망을 채워주고 싶다면 그 남성이 자신의 위치를 찾을 수 있도록 이끌어 주어야 한다.

6 | 사랑하는 것 *Loving*

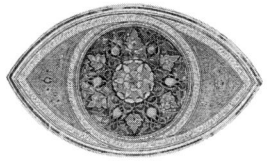

| 사랑의 눈 |
사랑하는 사람의 눈 속에
서로를 넘어 그 이상의 완전함을 바라보는 이미지다.

6

이제 신화에서 어렵지만 또 그만큼 보람도 큰 대목에 이르렀다. 에로스는 자기가 가지고 있던 사랑의 화살에 손가락이 찔려서 프시케와 사랑에 빠진다. 어떤 의미에서는 당혹스러운 부분이지만 모든 사건이 여기로부터 비롯된다. 아프로디테가 에로스를 보낼 때는 프시케가 가장 혐오스러운 괴물인 죽음과 사랑에 빠지게 할 생각이었다. 그러나 에로스는 자기 화살에 손가락이 찔려 프시케와 사랑에 빠진다. 그 뒤 프시케는 등불을 켜서 괴물이라고 상상하던 남편의 모습을 보게 되고, 남편이 바로 사랑의 신 에로스라는 사실을 알게 된다. 그 순간 에로스의 화살에 상처를 입고 사랑의 신과 사랑에 빠진다. 바로 이 부분이 가장 큰 수수

께끼다. 프시케는 사랑과 사랑에 빠진 것이다.

사랑에 빠졌을 때 우리는 한마디로 초인간적인 체험을 한다. 그러나 아직도 인류는 이런 특질을 잘 감당하지 못한다. 누군가를 사랑하게 되면 사랑의 독이 몸에 퍼지고, 일상을 이끌어가기 힘들 정도로 강렬한 의식을 체험하게 된다.

'사랑하는 것loving'과 '사랑에 빠진 것 being in love'은 구분해야 한다.* 그리고 이 정의를 내리는 데는 용기가 필요하다.

누군가를 사랑하는 것은 그 사람을 진정으로 알아가는 것이고, 있는 그대로의 그 사람에 대해 감사하는 것이다. 그 사람의 평범함과 실패 그리고 그 사람이 지닌 장엄함을 이해하고 감사하는 것이다. 우리는 늘 투사projection를 하면서 살아간다. 그러나 투사의 안개를 꿰뚫으면 그 사람 자체를 볼 수 있다. 땅에 굳건히 발을 딛고 있는 우리 개개인은 분명 경이로운 존재이다. 문제는 투사의 안개에 가려 상대의 깊이와 고귀함을 뚜렷이 보기 어렵다는 것이다.

언젠가 이런 실험을 해본 적이 있다. 세상에서 나와 나의 소중한 한 사람을 제외한 모든 사람이 세상에서 사라졌

---

* '사랑 안에 머무는 상태'가 적절할 것이다. 그러나 '사랑에 빠진다falling in love'고 하는 것이 비슷한 의미를 지니면서 우리에게 친숙한 표현이다. 신화에서 실수든 우연이든 에로스의 화살에 찔리거나 베어 사랑의 마력에 휩싸이는 이미지는 바로 '사랑에 빠지는' 상태이다.

다고 상상해 보았다. 그 사람은 어떻게 생겼을지, 내가 그 사람을 찾을 수 있을지, 또 내가 어떻게 그를 환영할 것인지를 생각하며 밖으로 나갔다. 그리고 그 누군가를 찾았다. 잠시 뒤 그 사람이 세상에서 어떤 존재인지에 대한 '기적' 같은 깨달음을 얻었다. 그 사람은 세상에 단 하나밖에 없는 존재이다. 그 한 사람이 무한한 가치를 지니는 것이다. 진정한 놀라움과 신비로움!

사랑하는 것은 이와 같은 것이다. 어느 한 사람을 진정으로 이해하는 것이며 그 사람 자체를 아는 것이다. 사랑하는 것은 환상이 아니다. 자신이 특별히 디자인하고 만들어 놓은 이미지나 역할을 상대방이 해주길 바라는 것이 아니다. 사랑하는 것은 상대의 고유함을 그대로 인정하는 것이다. 사랑하는 것은 지속적이어서 오랫동안 유효하다. 이 말은 사실이다. 만약 십수 년 전쯤에 누군가 나에게 사랑의 지속성을 이야기했다면 나는 충격을 받고 화를 냈을지도 모른다. 그러나 중년의 지혜를 갖춘 지금은 사랑이 지속적이라는 것을 인정한다.

사랑에 빠진다는 것은 전혀 다른 문제이다. 사랑에 빠지는 것은 좋은 의미로든 나쁜 의미로든 간에 원형적 혹은 신적인 세계에 침투하는 것이라고 표현할 수 있다. 자신이 사랑하는 사람이 갑자기 신과 여신으로 보인다. 상대를 통해 서로 초개인적이고 초의식적인 존재 영역을 체험한다.

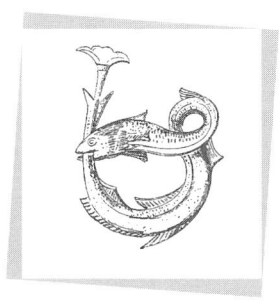

물고기
무의식의 물에 사는 존재이므로 심리학에서 정신의 깊이에서 살아있는 물질적인 요소를 체현한다.

이 체험은 폭발력이 강하고 쉽게 불타오르는 신의 광기 같은 것이다. 시인들은 화려한 문체로 이런 체험을 묘사한다.

사랑에 빠진 연인이 서로를 쳐다보는 것을 지켜보면 이들은 서로를 넘어서 그 이상의 세계를 바라보고 있는 것을 알게 된다. 상대를 너머 상대의 아이디어나 감정과 사랑을 한다. 다른 말로 하면 사랑 자체와 사랑하는 것이다. 여성은 자신을 이해하고 사랑하는 그 사람을 바라보는 것이 아니라 사랑의 신, 에로스를 바라보는 프시케가 되는 것이다.

사랑에 빠진 사람들에게 최악의 소식은 이런 상태가 지속되지 않는다는 사실이다. 이 상태는 분명 오래 가지 않는다. 어느 날 자신의 세상을 가득 채우던 아름다운 사람의 빛이 평범해지고 무디어진다. 초인적이고 신적인 특질은 희미해진다. 그 자리에 인간적이고 실질적이고 평범한 사람이 서 있다. 이것은 세상에서 가장 슬프고 고통스런 경험이다. 사랑에 빠지는 것은 신의 방문과도 같은 것이다. 남신과 여신이 인간세상에 등장했는데 이들은 인간적인 차원에서 전혀 어울리지 않는 존재인 것과 비슷하다.

신화는 이 대목에서 무엇을 말해 주고 있는가? 사랑의 신 에로스가 자기 화살에 손가락이 찔려 인간세상의 여성과 사랑에 빠진다. 분명히 신이 사랑에 빠지는 것은 크게 문제되지 않을 것이다. 사랑의 신이 사랑에 빠졌다 헤어나기는 그렇게 어렵지 않을 것이다. 에로스의 본성이 바로 그것이기 때문이다.

올림포스 산에 사는 신들도 에로스를 두려워한다. 에로스의 화살은 신들조차 공포에 떨게 만든다. 심지어 신들도 이 화살에는 취약하다. 사랑의 신은 사랑에 빠지는 것에 대해 잘 알고 있다.

그러나 인간이 에로스의 화살에 맞아 사랑에 빠진다는 것은 매우 심각한 일이다. 사람들은 프시케가 성급하고 경솔하게 에로스의 얼굴을 본 것이 인류 역사상 처음으로 인간이 신의 얼굴을 본 것이며, 또 프시케가 남신이나 여신을 직접 대면하고도 살아남은 첫 번째 인간이라고 말한다. 프시케 이전에 신들과 직접 맞닥뜨린 인간은 신의 에너지에 불타서 완전히 사라져 버렸다.

심리학적 용어로 표현하자면 인간 진화의 역사에서 프시케 이전에는 원형을 직접 만난 인간은 살아남지 못했다. 그런데 프시케 신화로부터 어떤 환경에서는 인간이 원형적 체험을 해도 생존을 할 수 있다는 사실을 알게 되었다. 그러나 이 체험의 대가로 그 사람은 근본적으로 변하게 될 것이다. 내 생각엔 이 신화가 우리들에게 가르쳐주는 교훈이 바로 이것이다. 인간이 어떤 초인간적인 차원을 맛보고, 그런 경험에서 살아남아 우리에게 이야기를 들려준다. 그렇다면 사랑에 빠지게 만드는 신의 화살에 상처를 입는다는 사실이 무슨 의미인지 알 수 있다. 그 사람은 극적인 경험을 하게 되고 그 경험으로 인해 그 사람의 삶은 완전히 변화된다. 바로 이런 믿을 수 없을 정도의 폭발적인 체험이 '사랑에 빠지는 경험'이다.

동양인들이 '사랑에 빠지는' 방식은 서양인들과는 다르다. 동양인들은 에로스의 화살에 맞는 것이 아니라 사랑을 조용하고 덜 극적으로 맞는다.* 동양은 중매결혼이 많은 편이다. 전통적으로 결혼식이 끝나고 신부의 베일을 들어올릴 때까지 신랑은 신부의 얼굴을 보지 못한다. 이 절차가 끝난 뒤에 결혼한 신랑이 신부에게 해야 하는 절차가 뒤따른다.

최근에 나의 서양적 감성이 크게 감동을 받은 적이 있다. 별로 친하지 않은 어떤 인도 총각에게 편지를 받았다.

---

* 서양인이 동양에 대해 지닌 오해 중 하나라 생각한다. 저자는 수십 년 동안 일 년 중의 반을 인도에서 생활했는데 그곳에서의 체험이 이런 표현에 영향을 미쳤으리라 추측된다.

사랑하는 것

그는 내가 18세인 자기 여동생에게 훌륭한 남편이 될 수 있을 거라고 생각한다면서 내 생각을 물어 왔다. 지참금은 서로 의논해서 조정할 수 있다고 했다. 나는 하루 종일 이 문제로 고민했다. 어떤 노력도 하지 않고 사랑에 빠지지도 않고 내가 18세 처녀의 남편이 될 수 있을까. 나는 도덕적으로 받아들일 수 없었다. 나는 그의 동생에 비해 내 나이가 너무 많아서 결혼할 수 없다는 내용의 답장을 보냈다.

신화는 평범한 인간의 삶보다 훨씬 더 위대한 뭔가를 경험한 여성에 관해 이야기하고 있다. 나머지는 신적인 접촉을 한 이 여성이 어떻게 살아남을 수 있었는지에 관한 이야기이다.

7 | 딜레마 *Dilemma*

| 왕관 |

왕관은 의식의 최고 경지에 다다랐다는 것과
또 그 힘의 원천이 아주 높은 곳에서 온다는 것을 상징하는 이미지다.
사랑의 최고의 깊이는 서로에게서 신을 발견하는 것이다.

7

예전에는 '신 체험'이란 것을 종교적으로만 다루었다. 현대인들은 종교를 삶의 부수적인 것으로 취급하고 별 가치를 부여하지 않는다. 종교를 가볍게 다룰 뿐만 아니라 종교에 전혀 관심을 두지 않고 그저 의례적으로 필요한 것으로 간주한다. 심오한 종교체험을 한 사람의 이야기를 듣기가 쉽지 않다. 서양 사회에서 종교에 대한 열정은 점차 식어간다. 사람들은 종교를 믿기에는 인간이 너무 현명하다고 생각한다. 종교에 매달리는 사람조차 이런 견해를 받아들인다. 영성적, 내적 세계에서 삶 전체를 뒤흔드는 듯한 심오하고 강렬한 체험을 함으로써 얻는 영적 자양분을 경험하지 못하기 때문이다.

나의 주장은 오늘날 우리가 신의 광채나 절대적인 힘을 체험하는 심오한 종교적 만남을 '사랑에 빠질 때' 겪게 된다는 것이다. 사랑에 빠질 때 우리는 '신 체험'을 하게 된다.

신화에서는 프시케가 등불을 켜서 자신이 정말 신과 결혼했다는 사실을 알게 된다고 묘사한다. 프시케는 사랑의 화살에 손가락이 베어 사랑 자체와 사랑에 빠진다. 그 직후 그녀는 그를 잃는다. 우리가 상대에게서 신격을 발견할 때, 또 사랑에 빠질 때 사람들이 경험 하는 것이 바로 이런 것이다.

사랑한다는 것은 상대에게 가까이 다가가 밀접해지고 마침내 하나가 되는 것이다. 사랑에 빠진다는 것은 상대를 넘어서 결국 상대를 잃어버리는 것이다. 이것은 반갑지 않은 소식이다. 우리는 이런 식으로 표현하는 것을 좋아하지 않을 뿐 아니라 그 의미를 잘 이해하지도 못한다.

상대에게서 신격을 보게 된다는 것은 그 사람이 지닌 장엄함과 초인간적인 차원을 보게 된다는 의미이다. 스스로 자기의 신격을 경험하는 경우는 매우 드물다. 대부분은 사랑에 빠질 때 타인에게서 일상의 차원을 넘어서는 어떤 영역을 체험하게 된다. 그렇기 때문에 사랑에 빠져 있을 때 심한 고통이 동반된다. 누군가와 사랑에 빠지는 순간 그 안에 역설이 내재된 듯하다. 사랑에 빠지는 순간 상대방의 온전한 고유함을 느끼고, 그 때문에 자신과의 분리감을 동시에 느낀다. 고통스럽지만 이 상황에서 거리감과 분리 그리고 관계유지의 불가능함을 인정해야 한다. 그리고 또 등불을 들어 인간이라 추측했던 자기의 파트너가 신이라는 사실을 알게 되었을 때 심한 열등감을 느낀다. 이 느낌은 참을 수 없는 절절한 외로움이다.

사랑에 빠졌을 때 자신이 갈가리 찢기는 바로 그 느낌에 해결의 실마리가 있다. 힘과 용기가 있다면, 이렇게 산산이 부서져 버린 뒤 새로운 의식이 탄생하는 것이다. 한 존재가 특별하고 더욱 소중한 가치를 지니면서 태어나는 것이다. 이것은 아주 어려운 길이지만, 진화를 위해서는 불가피하다.

이 딜레마를 해결하는 최선책은 모든 것을 멈추고 가만히 있는 것이다. 고요함이 필요하다. 프시케가 시도하는 것이 바로 아무것도 하지 않고 멈추는 것이었다. 일단 자살하고 싶은 충동을 극복한 다음 프시케는 조용히 앉아 있었다. 만일 자신의 꾀에 넘어갔거나 누군가 자신의 궤도를 완전히 부서 버린다면 그저 멈추어 서라. 조용히 멈추는 것이 최선이다. 그러나 젊은이들은 이렇게 하기가 어렵다. 그들에게는 불가능한 일이다. 어느 정도 성숙하기 전에는 지혜로운 이야기가 귀에 들어오지 않는 법이다.

한때 아주 어색한 상황에서 명상을 했다. 공동체에 속

한 두 사람이 서로 사랑에 빠져서 친밀한 전체 집단에 상당한 파문을 일으킨 것이다. 나는 그들을 가만히 놔두라고 충고했다. 간섭하지 않고 가만히 내버려 두면 스스로 균형을 찾게 된다. 그 커플은 실제 그렇게 되었다. 이런 결과는 사랑에 빠진 상태에 이미 내포되어 있다. 이 현상 자체에 나름대로 장애물과 비극이 있어야 한다. 여기서 비극이란 손에 넣기 어려운 비전을 보는 것이다. 철학자와 시인은 사랑에 빠지는 것을 비극이라 말한다. 이는 사랑에 관해 말하는 것이 아니다. 이미 이야기했듯이 누군가를 사랑하는 것은 따뜻하다. 서로를 가깝게 하고 그 감정의 농도는 감당할 만하다. 그렇지만 사랑에 빠지는 것과 다른 사람의 신격을 보는 것은 인간적으로 다룰 수 있는 차원이 아니다.

그러나 사랑에 빠지는 것에서 사랑하는 것으로 전환할 수 있다. 성공적인 결혼이란 바로 이런 것이다. 결혼의 시작은 대개 사랑에 빠지는 것에서 비롯된다. 그리고 바라건데 사랑하는 것으로 변화시키는 것이다. 이것이 바로 우리의 신화가 이야기해 주는 것이다. 신화의 초기에는 인간과 신의 충돌 그리고 다른 두 차원의 존재 사이의 충돌, 또 인간적인 본질과 초인간적인 본질의 충돌에서 비롯된다. 우리는 초인간적인 특질을 갈망한다. 그러나 이런 특질을 만나면 관계를 유지할 수가 없다. 사랑에 빠진 상태를 지속한다는 것은 인간적으로는 불가능하다. 어떤 만화가 기억난

문어
나선형과도 함께 연상되며 창의력이 신비로운 중심으로부터 모든 방향으로 발산됨을 의미한다.

다. 중년 부부가 다투고 있는데 갑자기 남편이 아내에게 퍼부었다. "글쎄, 누가 우리 결혼에서 마술을 없애 버렸어!"

남신과 여신의 맛을 본 인간이 도대체 무엇을 할 수 있겠는가? 우리 문화에서는 이 질문에 대한 답을 내리지 않고 있다. 사람들은 사랑하는 사람에서 신과 같은 비전이 사라지는 고통을 견디며 평범한 중년의 삶에 적응해 간다. 그러면서 자신들이 본 초인간적인 비전 같은 것은 처음부터 좀 바보같은 것이었다고 생각한다. 앞에서 말했듯이 사랑에 빠지는 것이 자기 패배와 우울로 막을 내리지는 않을 수 있는 대안이 이 신화의 뒷 부분에서 펼쳐진다.

프시케는 자신이 지닌 근원적인 여성성에 기대게 된다. 그녀는 아프로디테를 찾아가 과제를 받는다. 이 과제는 프시케의 내적 발전, 즉 진화의 단계에 따라 수행해야 할 것들이다. 이야기의 마지막에 프시케는 올림포스 산에서 여신이 된다. 프시케는 에로스와 결혼하고 아이를 낳는다.

우리 사회가 풀지 못한 가장 혼란스러운 질문에 대한 가장 숭고한 해답을 프시케의 여정에서 찾을 수 있다.

그리스 올림포스 사람의 생각으로는 '신 체험' 같은 경험을 한다는 것은 이런 신적인 의식을 발전시키는 감각이 열리게 되는 것이다. 그리스인들은 원형archetype을 남신과 여신이라 불렀다. 이것은 현대의 심리학적 용어보다 훨씬 시적이고 적절한 표현이다. 사랑에 빠졌을 때 우리 내면에 작용하는 위대한 원형들을 '에로스'와 '프시케'로 부르면 훨씬 더 아름답고 지적으로 여겨진다. 우리가 일단 이런 특질을 경험하게 되면 단순하고 부주의하고 무의식적인 방식으로 되돌아갈 수 없다. 현대인은 대개 사랑에 빠졌을 때 신과 접촉하게 된다.* 역사는 항상 인간 스스로가 다양한 방식으로 자신보다 위대한 어떤 존재를 체험했다는 사실을 보여준다. 그러나 현대인에게는 에로스가 신들과의 만남을 주선해 주는 중요한 중재자이다.

---

* 여기서 신의 개념은 그리스인들의 관점을 따른다.

8 | 패닉 *Panic*

| 잠 |
잠을 자는 동안 영혼이 하데스의 영역,
지하세계, 죽음의 세계를 탐험한다는 믿음에서 비롯되었다.

8

　신화의 앞부분으로 되돌아가 보자. 프시케가 에로스에게 상처를 냈을 때 에로스는 집으로 날아가 버린다. 아프로디테에게 가는 것이다. 그 뒤 에로스는 이야기가 끝날 때까지 어머니 집에 머물며 세상으로 나오지 않는다. 남성들은 아내에게 상처를 받았을 때 대부분 에로스처럼 어머니의 집으로 간다. 자신의 어머니 콤플렉스mother complex로 피난을 가는 것이다. 육체적으로 남성이 집으로 가지는 않을지라도 어머니 콤플렉스로 돌아가 한동안 사라져 버린다. 만일 남성이 갑자기 말이 없어지거나 열의가 하나도 없거나, 주변 사람들과 어울리지도 않는 상태라면 그 남성은 어머니의 집으로 돌아간 것이다. 어머니의 집에는 아프로디테가 살고 있다.

　에로스를 외부의 남성이 아닌 여성의 아니무스로 바라보자. 에로스가 낙원에서 프시케를 잡고 있는 이미지는 무의식의 아니무스에 사로잡힌animus possession 상태라 할 수 있다. 이 상태는 프시케가 의식의 등불을 켤 때까지 지속된다. 등불을 켜들자 아니무스가 내면의 세계로 되돌아가 버린다.

　융은 심리에서 아니마, 아니무스의 최대의 역할은 의식과 무의식의 중재자가 되는 것이라고 말한다. 에로스가 내면의 세계 즉 아프로디테에게 되돌아갈 때, 그는 프시케와 아프로디테 그리고 프시케와 제우스나 내면의 원형적 세계에 존재하는 다른 남신들과 여신들 사이의 매개자가 될 수 있다. 앞으로 신화를 풀어가면서 드러나겠지만 에로스는 프시케가 자신의 발전단계에서 가장 결정적인 시기에 자연적인 요소인 개미와 독수리와 갈대를 보내는 식으로 도움을 준다.

　여성이 진화하기 위해서는 무의식의 우세, 즉 남성적인 요소에 대해 복종적이던 태도를 버려야 한다. 무의식의 남성적인 요소는 가끔씩 여성이 외부세계와 맺는 관계를 부정적으로 통제한다. 여성이 진화하기 위해서는 아니무스가 의식적 자아ego와 무의식의 내면세계 사이에 중재자로 활동하여 여성의 진화를 도와야 한다.

아니무스에 사로잡혀 있는 여성은 실제로 자신의 아니무스를 전혀 깨닫지 못한다. 그녀는 아니무스의 영향으로 분출되는 행위를 자신의 자아가 스스로 하는 것으로 여긴다. 실제로 행위가 표출되는 순간 그녀의 자아는 아니무스에 의해 완전히 전복된다. 그러나 여성이 의식의 등불을 켜들 때 자신의 의식과 아니무스는 분리된 존재라는 사실을 아주 정확하게 보게 된다. 프시케가 에로스의 모습을 보고 충격에 휩싸이듯 여성은 이때 크게 놀라게 된다. 아니무스는 잠재력이 있고 신과 같아서 상대적으로 여성의 의식적 자아는 가치가 없거나 도움이 되지 않는 것처럼 보인다. 이 순간은 여성에게 위험하고 절망적이다. 그러나 이것이 끝은 아니다. 여성은 자기 자신의 아니무스를 처음 깨닫게 된 충격으로 인해, 자기 자신을 부정하고 감당하지 못하게 된다. 그 다음에는 자기 내면에서 펼쳐지는 심리의 장엄함에 압도된다. 누구나 자기 내면에 신과 같은 요소가 있다는 사실을 알게 되면, 마치 사랑에 빠졌을 때처럼 최상의 행복감과 절정의 체험을 하게 된다.

프시케는 등불을 켜들 때 자신 앞에 드러나게 될 남편의 모습이 흉측한 괴물일 것이라고 짐작한다. 그러나 프시케는 눈앞에서 신의 모습을 보게 된다. 여성에게 남성은 종종 신이거나 짐승이다. 감히 용기를 내어 말하겠는데, 우리가 진정으로 상대를 비추어 들여다볼 때 그 사람에게서 남신과 여신을 볼 수 있다. 진실하게 자기 파트너나 배우자를 들여다보면 상대에게서 남신과 여신을 발견하게 된다. 여성이 자신의 아니무스인 내면의 에로스를 볼 때도 마찬가지이다. 여성은 아니무스가 신과 같다는 것을 알게 된다.

프시케에게 일어나는 일은 어떤 면에서는 파르시팔 Parsifal이 성배의 성을 처음 보았을 때와 비교할 수 있다.* 파르시팔 앞에 '성배의 성'이라는 장엄한 세계가 펼쳐진다. 그러나 그는 그곳에 더 머무를 수가 없다. 마찬가지로 프시케도 에로스가 신이라는 사실을 알게 되고, 신의 진실하고 장엄한 특성을 발견하자마자 에로스를 잃게 된다.

에로스가 날아가 버리는 모습에 절망한 프시케는 강물에 몸을 던지려고 한다. 극한의 어려움에 직면할 때마다 프시케는 죽고 싶어 한다. 이것을 일련의 자기희생이라 표현할 수 있을까? 한 차원의 의식에서 또 다른 차원으로 발전하기 위한 희생이 아닐까? 사람들은 이런 시각에 반대한다. 그러나 이는 본질적인 것이다. 만일 우리가 원형적 의미로 돌아갈 수 있다면 이 경험으로 인해 혜택을 받게 된다. 원형적 체험을 하게 되면 프시케처럼 그 자리에 주저앉게 된다. 남성은 원형적 체험을 하고 성배의 성을 떠나는 순간

---

* 저자의 책 《He: 신화로 읽는 남성성》을 참조. '파르시팔'은 성배 신화에 등장하는 전설적인 기사의 이름이다.

그 성을 완전히 잃어버린다. 그 다음 수년 간은 성을 다시 찾으려는 노력으로 시간을 보내게 된다. 그러나 여성은 결코 자신의 성배의 성을 떠나지 않는다. 원형적 체험이 여성을 힘들게 하더라도 재빨리 원형과의 관계를 회복한다. 여성에게 이 기간이 행복한 것만은 아니다. 그러나 내면의 관계를 회복하고 자기에게 도움이 되는 긍정적인 특질들을 창출할 수 있게 된다.

남성은 자신의 감정을 통제하는 여성의 능력을 알게 되면 깜짝 놀랄 것이다. 남성에게는 이런 능력이 거의 없기 때문이다. 여성은 자기 의지만으로도 성배의 성에 들어갈 수 있다. 자신의 선택에 의해 여성적 시금석으로 돌아갈 수 있는 것이다. 이를 최상의 아름다움이라 할 수 있다. 남성이 여성적 시금석에 근접하는 것은 훨씬 어렵다. 그렇지만 여성도 여성적 시금석에 도달하기 위해서 노력해야 한다. 여성의 내향화와 내면화가 도움이 된다. 바로 자신이 체험한 신격에 대해 프시케형의 여성적인 방법으로 대응하는 것이다.

프시케는 문제를 해결하기 위해 가만히 앉아서 기다린다. 남성은 이런 경우 주머니에서 칼이나 다른 무기를 꺼내서 말이나 차에 올라타고 밖으로 나가 뭔가를 한다. 여성이든 남성의 아니마든 여성적인 방식은 자기 내면에서 수단과 방법과 용기를 찾을 수 있을 때까지 기다리는 것이다.

고대 중국이야기에는 여성적 원리가 잘 묘사되어 있다. 그러나 서양에서 이런 원리는 잘 알려지지 않았다. 극심한 가뭄을 겪는 어떤 마을이 있었다. 이내 비가 내리지 않으면 곡식들이 모두 죽게 될 지경이었다. 절박한 마을 사람들은 비를 내리게 하는 유명한 도사를 불렀다. 도사에게 생명의 비를 내리게 하는데 필요한 것은 뭐든지 제공하겠다고 말했다. 마을을 한 바퀴 둘러본 도사는 혼자 있을 수 있는 암자와 5일 간 먹을 물과 음식을 마련해 달라고 했다. 마을 사람들은 모든 것을 신속하게 마련해 주었다. 넷째 날이 되자 비가 내리기 시작했다. 마을 사람들은 기쁨의 환성을 지르며 선물을 가지고 도사를 찾아갔다. 마을 사람들이 도사에게 감사의 인사를 하자 도사는 눈을 깜빡이며 아직 기우제도 지내지 않았다고 말했다. 마을을 돌아볼 때 도사는 마음의 중심이 흔들리면서 내면의 조화가 파괴되었다. 그는 중심을 다시 회복할 시간이 필요했다. 비를 내리게 하는데 자신의 중심을 회복하고 우주와 조화를 이루는 것 외에 다른 행위는 필요하지 않았다. '중심을 회복한다'는 것은 위대한 여성적 예술이다. 여성이든 남성이든 상관없이 여성적인 요소라 할 수 있다. 여기서 다시 한 번 '여성'과 '남성'에 관해 이야기하는 것이 아니라 '여성성'과 '남성성'을 이야기한다는 사실을 명확히 하도록 하자. '중심을 회복하는 것'은 아주 고요해지는 것으로 이는 여성성의 예술이다.

매우 현명한 여성과 가까이 지낸 적이 있었다. 그녀에게 내가 처한 모든 고뇌와 번민을 쏟아내면 그녀는 그저 "기다려"라고 말했다. 나로서는 이 대답이 끔찍하게 들렸다. 참을 수 없어서 폭발할 지경에 처해 있었기 때문에 기다리라는 말을 듣고 싶은 것이 아니었다. 그러나 문제가 여성적인 데 있다면 기다리는 것이 올바른 방법이다.

2차대전 동안 나는 미국 적십자에서 일했다. 어느 날 흥분해서 상사의 사무실로 쫓아 들어가 "이 일이 터졌고, 저 일도 터졌고, 이런 저런 상황이 터졌는데 내가 지금 어떻게 해야 합니까?" 하고 말하자 여자 상사가 나를 보면서 조용하게 "가서 점심식사를 하세요"라고 말했다. 그녀는 알고 있었던 것이다.

평정심 혹은 고요함으로 돌아가는 여성성의 기본 특질은 바로 희생이다. 프시케도 희생을 시도한다. 죽을 결심을 하고 강물로 들어간다. 프시케의 행동은 분명 잘못된 동기에 의한 것이었지만 바른 본능으로 선택한 행동이었다.

그리스의 신 판Pan이 강가에서 이 광경을 지켜본다. 프시케가 물에 완전히 잠기기 직전에 판은 프시케를 설득하여 구해낸다. 나는 이 대목을 읽을 때 항상 미소를 짓게 되지만, 신화를 바꿀 수도 없다. 왜 이상하고 야릇한 판의 고요함이 프시케를 구출하는가?

영어에서 급작스런 공포를 의미하는 '패닉panic'이란 단어는 '판'이란 신의 이름에서 기원한다. 고대 그리스에서는 너무나 놀라고 당황해서 야성적 본성이 드러나는 거의 미친 상태를 신으로 받들 만치 높이 평가하였다. 그러나 현대인은 이런 상황에 처하면 경악하고 두려워한다. 이런 특질을 가진 판이 프시케를 도와준다. 이 신화는 우리가 압도당하거나 꼼짝 못할 상황에서 어떻게 해야 할지에 대해 많은 조언을 준다. 이 순간의 조언자가 갈고리 발을 가지고 있는 판이란 신이다. 현대인의 심성에 낯설게 느껴지는 판이 자살 말고 바른 방식으로 우리를 다시 삶과 연결시켜 준다.

여성의 발작 같은 통곡은 판의 반응이다. 통곡은 위기의 순간을 넘기는 좋은 대응법이다. 통곡하는 아내의 모습을 참을 수 없더라도 남편은 견뎌야 한다. 판은 바로 그 여성에게 할 말이 있고 그 순간 남성에게도 할 말이 있을 것이다.

판은 프시케에게 사랑의 신에게 기도를 해야 한다고 말한다. 사랑의 신은 사랑의 열기로 상처 입은 사람을 잘 이해하기 때문이다. 여기에 아이러니가 등장한다. 인간은 자신이 처음 상처를 입혔던 바로 그 신에게 가서 구원을 청해야 한다. 이것은 아주 훌륭한 충고이다.

사랑의 신으로서 에로스는 관계의 신이다. 여성이 관계에 문제가 있을 때 에로스에게 돌아가 충실해야 한다고 말해도 좋다. 지속적으로 관계 문제를 다루기 위한 기본 원리가 바로 에로스에게 있다.

프시케는 에로스 대신 수많은 다른 여신들의 제단에 가서 도움을 청한다. 그러나 모두 거절당한다. 아프로디테를 두려워하는 다른 여신들이 프시케를 도와주려 하지 않기 때문이다.

성배신화에서 파르시팔은 이 단계에 처했을 때 기사도를 불태운다. 주변의 모든 적들과 영웅적인 싸움을 한다. 융 심리학자인 프리츠 쿤켈Fritz Kunkel은 끝없이 고통받고 있는 사람을 끌어낼 권리는 그 누구에게도 없다고 말했다. 프시케는 자기에게 주어진 길을 혼자서 걸어야 한다. 누군가 형극의 길을 걷거나 고통으로 타들어 가는 상태에 있다고 한다면 한 동안은 그 상태를 견뎌내야 한다. 만일 자신의 고통의 전체적인 구조를 이해한다면 순간적인 어려움은 이겨낼 수 있을 것이다.

성서에 등장하는 많은 여성이 고통을 받는다. 십자가의 예수는 자신의 방식으로 고통을 받고, 십자가 아래 여성들은 그들 나름의 고통을 받는다.

드디어 프시케는 아프로디테에게 가야만 한다는 사실을 깨닫는다. 아프로디테만이 그녀가 겪는 모든 어려움을 풀어낼 열쇠를 가지고 있기 때문이다. 프시케는 아프로디테에게 간다.

아프로디테는 프시케에게 냉정하게 독설을 쏟아낸다. 프시케를 아무것도 아닌 하찮은 존재로 취급한다. 아내의 역할들 중에서 설거지밖에 할 줄 모르는, 아무짝에도 쓸모없는 존재로 여긴다. 이 세상에 프시케를 필요로 하는 곳은 아무 데도 없겠지만 어느 한 구석 쓸모가 있다면 가장 비천한 일을 하는 곳이기에, 아프로디테는 프시케에게 그 일을 하게 한다. 프시케를 이 난관에서 해방시켜 주는 조건으로 잘 알려져 있는 네 가지 과제를 내준다.

9 | 분별 Sorting

| 개미 |
근면과 정직 그리고 잘 조직화된 공동체,
특히 여왕이나 여신이 지배하는 공동체를 상징한다.

9

아프로디테는 프시케에게 온갖 종류의 씨앗이 산처럼 뒤섞여 있는 알곡더미를 준다. 알갱이를 하나하나 가려서 종류별로 분류하라고 시킨다. 해질 때까지 이 일을 못 마치면 죽게 될 것이라고 말해 준다. 그러고 나서 아프로디테는 위풍당당하게 혼인잔치로 행차한다. 불쌍한 프시케는 누구도 할 수 없는 불가능한 임무를 맡고 남겨진다. 프시케는 고요히 그 자리에 앉아 기다린다.

이제 프시케는 자신의 내면세계로 들어가 그곳에서 아니무스인 에로스를 만나야 한다. 에로스와의 관계는 이제 아니무스에 사로잡힌 상태가 아니다. 에로스는 프시케가 불가능에 가까운 임무를 수행하는 데 필요한 힘과 지혜를 찾아낼 수 있도록 중재하고 도와줄 것이다. 개미떼가 에로스를 통해 프시케의 어려움을 듣고 알곡들을 하나하나 골라내 준다. 해가 질 무렵 모든 일을 마친다. 저녁에 돌아온 아프로디테는 마땅찮은 얼굴로 아무 가치도 없는 존재인 프시케가 일은 꽤 잘 했다는 사실을 인정한다.

산더미 같은 알곡을 골라낸다는 것은 얼마나 아름다운 상징인가! 실제 여성은 가정에서 일어나는 수많은 문제들을 혼란스러운 상황에서도 해결해 나가야 한다. 이것을 분별sorting이라고 말한다. 가정에서 어머니나 아내의 도움 없이 되는 일이 과연 얼마나 있는가? '양말 한 짝은 어디 있어?' '준비물이 없어' 라는 식이다.

가정에서 분별이 필요할 때 남성은 여성에게 간다. 남성은 흔히 세상사 같은 중요한 일들은 자기가 해야 한다고 생각하기 때문에, 가정에서 질서를 찾는 문제를 여성에게 미룬다. 그러면서도 남성은 여성에게 원래부터 골라내고 분별하고 질서를 회복하는 능력이 있다고는 생각하지 않는다.

남자와 여자가 사랑을 할 때 남자는 수백만의 씨앗을 여자에게 준다. 여자는 그 중 하나를 택한다. 여기서부터 기초적인 골라내기가 이루어진다. 이 경우 여성은 무의식적으로 선택을 하고 이것이 수많은 씨앗으로 발전하게 된다. 대개 자연은 필요 이상으로 많이 생산하고 여성은 그

중에서 골라내야 한다.

여성에게 골라내어야 할 것들이 다른 영역에서도 홍수처럼 밀려든다. 집이 조용해지면 여성들은 놀랄 정도로 많은 가능성들에 당황하게 된다. 순수한 여성성의 특질만으로 모든 일을 다 할 수는 없다. 이렌느 드 카스티예호Irene de Castillejo*가 기술하듯 여성성의 특질은 흐트러진 의식이다. 반면 남성성의 특징은 집중된 의식이라고 한다. 대부분의 문화는 관례와 법에서 해야 할 것과 하지 말아야 할 것을 미리 규정함으로, 분별하는 여성의 능력이 발휘되지 않도록 만든다. 그러나 우리는 자유로운 존재이므로 그런 안전장치는 필요 없다. 그래서 여성은 어떻게 분화해야 하는지, 어떻게 창조적으로 분별하는지 알아야 한다. 여성은 자기의 개미적 특질을 발견할 필요가 있다. 개미의 원시적이고 대지적인 특성이 여성을 도울 것이다. 개미의 특질은 지적이지 않다. 따라가야 할 규칙을 제공하지 않는다. 원시적이고 본능적이며 고요한 특질이다.

여성은 프시케에게 주어진 씨앗 골라내기 과제를 통해 분별에 익숙해질 수 있다. 이 과제를 수행할 때는 가까운 것 먼저, 혹은 가치 있는 것 먼저 등 일종의 법칙을 정해 풀어나갈 수도 있다. 원시적이고 단순한 방식으로 어마어마

---

* 융심리학자로 여성심리에 관한 연구에 집중하였으며 대표적 저서로 ≪여성 알기 Knowing Woman≫이 있다.

한 난관을 헤쳐갈 수 있다.

씨앗을 골라내는 특질은 여성 내면의 남성성인 아니무스의 메아리다.* 그러나 여성은 이런 기본적인 법칙을 기억해야 한다. 차갑고 건조하고 고도로 분화된 능력은 자기 내면에 존재하는 아니무스의 기능인데, 이 아니무스가 의식과 집단 무의식을 연결한다. 아니무스와 아니마는 주로 내면세계의 천국과 지옥에 속한다. 흥미롭게도 아니무스, 아니마는 부분적으로 인간이고 부분적으로 신이고 부분적으로 초인간이다. 이것이 바로 아니무스, 아니마가 의식과 집단 무의식 사이에서 우수한 중재자가 되는 이유이다. 아니마, 아니무스는 두 세계에 한 발씩 딛고 있다. 그들의 중요한 기능은 의식의 확장을 위해 내면의 영성적 안내자가 되는 것이다.

우리는 아니무스를 평가절하하는 경향이 있다. 가끔 아니무스가 바람직하지 못한 방식으로 표현되기 때문이다. 아니무스가 내면 세계가 아닌 외부 세계에 무의식적으로 노출되는 경우는 대개 골칫거리로 등장한다. 그러나 아니무스가 내적으로 작용하면 영성적인 삶의 열쇠가 된다. 개개인으로 우리와 우리 내면의 위대한 하나, 신성godhead,

---

*융 심리학자 마리-루이즈 본 프란츠Marie-Luise von Franz는 '분별'과 '분류'를 구분한다. '분별'은 여성성의 특질로 인내를 가지고 하나하나 주어진 사건들을 다루는 데 필요한 여성성의 힘으로 간주한다. 반면 '분류', '분석'은 남성성의 특질로 본다.

혹은 집단무의식과 관계를 맺는 중요한 역할을 한다. 원래 아니무스는 이곳에 속해 있다.*

오늘날 분별을 위한 기본적인 태도에 문제가 있다고 생각한다. 예를 들어 여성은 가족을 위해 골라내는 역할을 거부한다. 그러나 여성의 발전을 위해서는 분별의 능력을 길러야 한다. 성급한 애기일 수 있지만 여성은 자기에게 속한 것 외에는 분별해서는 안 된다. 사실 집 밖에서는 여성에게 객관적인 사실을 분별할 기회가 많이 주어지지 않는다. 아마존 형의 여성이나 사업을 하는 여성들은 분별의 지혜로 자기 일들에 대처할 수 있다.** 이런 여성은 고도로 발달한 개미의 특질을 가지고 있고, 외부세계에 자신의 남성적 특질을 충분히 활용할 수 있다.

오늘날 여성성에 속하는 분별은 잘 알려지지 않았다. 나는 이 부분에 대해 슬퍼해야 한다고 생각한다. 여성의 여성성 혹은 남성의 아니마는 무의식에서 유입되는 물질을

---

* 중세 신비가 마에스터 에카르트Meister Eckhart는 God과 Godhead의 차이를 땅과 하늘의 차이처럼 확연하다고 한다. God는 행위와 관련되고 남성의 성을 따르는데 반해 Godhead는 무위와 관련되고 여성의 성을 따른다. 신의 정수라 표현할 수 있으며 심연, 신비, 알 수 없고 표현할 수 없는 신성의 핵부분이다.
** 융 심리학자 토니 울프Tony Wolff는 여성을 네 가지 유형, 어머니, 헤스티아, 미디엄, 아마존으로 분류하였다.
어머니형은 양육, 도움, 가르침, 보호로 특징지워지는 유형이고 헤스티아는 남성이나 세상이 요구하는 것이 아니라 주관적인 관점에 관심을 갖는 유형으로 어머니형과 헤스티아형은 관계에 초점을 맞춘다. 아마존형은 독립적이고 자신의 일을 사랑하며 남성에게 요구하는 것 없이 자신의 성취에 관심을 갖는다. 미디엄형은 가시적 세계와 비가시적 세계의 영매역할을 하는 여성사제, 무당 등의 역할을 한다.

미궁
중심에 도달할 때까지는 도망을 칠 수도 휴식도 없는 미궁은 인간의 삶의 대표적인 상징이다. 궁극적으로 삶에서 도달점은 신비로운 자궁이라는 중심으로의 회귀를 추구하는 것이다.

분별하여, 적절하고 질서 정연하게 의식으로 연결하는 교량 역할을 해야 한다. 이것은 우리 문화에서 간과해 온 위대한 여성성의 기능이다.

남성이든 여성이든 의식 중에 남성성에 속하는 요소는 주로 외부세계를 다루고 있다. 반대로 여성성에 속하는 부분은 주로 내면세계를 다룬다.

아주 아름다운 결혼 상대자를 상상해 보자. 남성과 여성이 등을 맞대고 서 있다. 남성의 몸은 대부분 집 안에 들어와 있지만 그는 바깥세계를 바라본다. 여성의 몸도 집안에 훨씬 많이 들어와 있다. 그리고 내면세계를 응시하고 있다. 이 상황은 정적이지 않다. 이들은 각자 자신의 전일성 wholeness을 향해 나아가려 한다. 전일성의 이미지로 완전히 야누스 얼굴을 한 인물이 내면세계와 바깥세계를 동시에 바라보고 있다.

교차하는 두 원을 예로 이상적인 여성과 남성의 관계를

상상해 볼 수 있다. 두 원은 초기의 심리학적 발달단계에서는 거의 겹쳐지지 않는다. 남성은 바깥세계에서 가족과 관계하며 보호하고, 여성은 내면세계에서 가족과 관계를 맺고 보호한다. 여성과 남성이 점진적으로 자신의 가능성의 방향으로 향해가고 이 원은 점점 하나가 되어 깊이 겹쳐진다.

오늘날 종종 부모 모두가 바깥세계만 향하고 있어서 무의식이나 내면세계에 대해서 깨닫지 못하는 자녀들이 많다. 가족은 내면세계에 대해서 보호막도 없이 남겨진다. 나는 여성이 자신을 위해서, 그리고 가족과 사회를 위해서 내면세계를 직면하고 명상할 것을 촉구한다. 그리고 동시에 다른 사람이 그들 각자의 내면세계를 배우고 알도록 도와주기 바란다. 쏟아져 나오는 감정과 무드와 원형을 가족을 위해 분별하는 것은 아름다운 여성성의 행위이다.

10 | 바른자세 *A right attitude*

| 숫양 |
봄날 천지를 진동하는 생식력과 같은 남성성의
힘과 본능적인 반응을 상징한다

10

 아프로디테는 프시케에게 두 번째 과제를 준다. 강 건너편 들판에서 풀을 뜯어먹고 있는 숫양의 황금빛 털을 가져오라는 것이다. 이 과제를 들은 프시케는 두려움에 휩싸여 죽을 것 같다.

 숫양들은 매우 사납다. 이 임무를 수행하려면 초인적인 용기가 필요하다. 다시 한 번 프시케는 그 자리에 쓰러져 자살을 생각한다. 강물에 몸을 던지려고 강으로 다가간다. 강 너머에는 황금빛 양이 있는 들판이 있다. 그러나 프시케가 죽기 바로 직전에 강가의 갈대가 속삭인다. 갈대는 프시케에게 불가능한 과제를 해결할 방법을 가르쳐 준다.

 갈대는 프시케에게 해가 떠 있는 동안에는 양 근처에

얼씬도 하지 말라고 충고한다. 낮에 양을 만나면 사납게 공격 당하는데 지금까지 살아남은 사람이 없다고 한다. 해질녘에 양이 자주 지나다니는 길목에 가서 가시나무 가지나, 낮은 나무에 걸려 있는 황금 양털을 모아 오라고 말해 준다. 그러면 숫양의 공격을 피하면서 아프로디테가 원하는 정도의 황금 양털은 충분히 구할 수 있다는 것이다.

여기서의 충고는 흔히 아는 수많은 영웅들처럼 즉시 양에게 달려가 힘을 증명하고 황금양털을 가져오라고 하는 충고와는 다르다. 짐승이 너무 위험하고 공격적이어서 프시케가 죽을 수도 있기 때문이다.

여성에게 일부 남성성의 이미지는 이런 방식으로 인식된다. 여성이면 누구나 용기를 갖고 바깥세계와 관계를 맺는 법을 배워야 한다. 그러나 여성은 본능적으로 너무 많은 관계를 한꺼번에 맺으려 하면 치명적 결과를 가져올 수 있다는 사실을 알고 있다. 심지어 양 가까이 가는 것조차 위험하다는 것을 본능적으로 안다. 극단적으로, 여성이 처음으로 바깥세계로 나아가 자기 삶을 이끌어나가야 될 때의 입장을 한번 상상해 보라. 이 여성은 자신이 과연 살아남을 수 있을지 두려움에 떤다. 그저 중심가까지 나갔다가 집으로 돌아오는 것조차 무섭다. 우리가 살고 있는 사회가 신화에 등장하는 숫양의 이미지처럼 가부장적이고 경쟁적이고 비정한 사회로 여겨질 것이다. 여성에게 이는 분명 위협적이다.

여기서 숫양 전체와 양털의 차이를 구분할 필요가 있다. 프시케의 과제와 관련된 통찰을 얻기 위해서 황금양털을 추구하는 신화를 잠깐 언급할 필요가 있겠다.

황금양털을 찾아다니는 신화는 아주 오래된 것으로, 남성성의 위대함을 드러내주는 대표적 신화 중 하나이다. 이 신화에 등장하는 이아손Jason*과 친구들은 힘과 용기로 사내다움을 증명하려 한다. 해밀턴Edith Hamilton**은 황금양털을 찾아다니는 신화를 다음과 같이 표현했다. "이아손과 함께 한 그리스의 모든 청년들은 어머니 옆에서 위험이 없는 안락한 삶을 사는 것보다 죽음으로 값을 치르더라도 불사의 용기를 지닌 친구들과 함께 하려 한다."

유명한 황금양털은 원래 아버지와 계모의 손에 죽게 된 헬레Helle와 프릭수스Phrixos 남매를 구해낸 이야기에 나오는 양의 털이다. 양은 신화의 마지막에 이르러 하늘로 날아가 왕자와 공주를 불러 함께 도망친다. 이 과정에서 소녀 헬레는 불행히도 바다에 빠져 죽고, 소년 프릭수스는 다른 왕국에 안전하게 도착한다. 그는 그곳에서 추수감사제의

---

* 이아손 이올코스Iolcus의 대표적 영웅으로 황금 양털을 찾아 아르고Argo선의 대장이된 그의 모험 이야기로 유명하다.
**해밀턴(1867-1963). 학자이자 작가이며 전문적인 스토리텔러로 그리스 로마 문화에 관한 수많은 저서가 있고, 이로 인해 아테나의 명예시민이자 수많은 명예박사학위를 취득했다.

제물로 숫양을 죽여 바치고, 왕국의 왕에게는 황금양털을 바친다. 이 신화에서 프릭수스의 고향 땅에서부터 황금양털을 찾아 이아손과 그의 친구들이 등장하는 것은 나중의 일이다.

신화에서 숫양은 목숨을 위협하는 부모로부터 자녀를 구해내는 커다란 힘을 대변한다. 숫양은 위대하고 본능적일 뿐 아니라 힘을 상징한다. 우리는 특별한 순간 원형을 통해서 이런 숫양의 힘을 체험하거나, 내면의 콤플렉스가 자극되어 화산처럼 폭발함으로 양의 힘을 경험한다. 이것이 바로 불타는 숲이고 광대한 무의식의 깊이이다. 이 강렬한 힘은 우리가 그 힘과 바른 관계를 맺고 유지하는 법을 배우지 못하는 한 폭발하여 약한 자아를 완전히 파괴해 버릴 수 있다.

인간은 순간적으로 숫양의 힘을 맛보게 되거나 무시무시한 힘 앞에 압도될 수 있다. 그러나 인간이 이 힘과 자신을 동일시해서는 안 된다. 신화에 여자아이가 바다에 빠져 익사했다는 표현이 우연히 등장하는 것이 아니다. 숫양 콤플렉스에 과도하게 시달리고 있는 남성은, 자기 내면의 여성성과 관계를 맺고 있지 않다. 그저 무의식의 바다에서 길을 잃은 것이다. 성배신화에서도 힘에 혈안이 되어 날뛰는 붉은 기사들은 여성과 원활한 관계를 맺지 못한다. 어떤 의미에서 남성이 자신을 숫양과 동일시하여 숫양처럼 되는 모습이나, 본능에 따라 행동하는 동물적인 힘에 혈안이 된 기사들과 비슷한 이미지를 갖고 있다. 이럴 때 여성성은 고통을 받는다.

앞에서 이야기했듯이, 프릭수스는 안전하게 땅으로 내려온 뒤 황금양털을 가진 양을 경건하게 희생시키지만 양털을 보존한다. 황금양털이란 '로고스Logos'의 상징이다. 로고스와 힘의 관계는 양털과 숫양의 관계처럼 밀접하고 유기적이다. 현대 서양인들은 로고스 원리를 이용하여 이성적이고 과학적인 방법으로 우주적 힘의 원천을 만나는 길을 발견했다. 원천적인 에너지와 접촉함으로 자연과 다른 사람을 지배할 어마어마한 힘이 생긴다. 현대의 산업기술적인 마인드를 가진 남성은 사실 신에 근접하는 힘을 행사할 수 있다. 이 힘은 전 세계를 파괴할 수 있을 정도로 위험하다.

그렇다면 이렇게 대단하고 놀라운 힘을 자신과 자연을 위해 어떻게 이용할 것인가? 고대 신화가 우리에게 답을 준다. 숫양을 희생시키라, 그러나 양털을 보존하라. 숫양을 죽이지 않으려면 풀과 나뭇가지에 걸려 있는 양털만 조금 취하라고 한다. 이렇게 하면 숫양이 광란의 폭발을 일으키지는 않을 것이다. 현대의 신화 창조자 톨킨Tolkien은 《반지의 제왕》에서 반지의 힘을 땅에 되돌려주라고 한다. 동양식으로 표현하면 음양의 조화를 이루는 것이다. 이는 로고스와 에로스의 관계를 균형 있게 유지하라는 말이다. 프시케 신화는 숫양의 몸에서 자라고 있는 털을 뽑거나 긁어 모아서는 절대 안 된다는 사실을 분명히 보여준다. 원초적 힘과 연관된 원초적 지식은 순식간에 파괴를 가져올 수 있기 때문이다.

현대인은 자연을 정복할 수 있는 인공적인 힘을 지녔다는 생각과 또 전 세계 운명을 마음대로 할 수 있는 힘을 가졌다는 생각을 버려야 한다. 로고스는 인간의 힘에 관한 이러한 가정을 사실인 듯 착각하게 했다. 인간은 우주적 힘을 적절하게 이해하고 다룰 수 있는 존재가 아니다. 원형에 너무 가까이 다가가는 사람은 불타 죽게 되듯이 숫양과 자신을 동일시하는 사람은 파멸할 것이다.

샌디에이고의 융 분석가 존 샌포드John Sanford는 젊은이들이 자아가 충분히 강해지기 전에 마약을 하게 되면, 자신의 내면세계에서 일어나는 변화를 견디지 못하여 산산이 파괴될 수 있다는 사실을 관찰을 통해 알아냈다. 현대인은 마치 커다란 숫양의 털을 움켜쥐고 있는 듯하다. 숫양이 몸을 돌려 달려들면 우리는 완전히 파괴될 수 있다. 감당할 수 없는 힘과의 놀이를 그만두고 로고스와 에로스의 균형을 찾아야 할 것이다. 그리고 서로서로와 자연과의 관계를 되찾아야 한다.

신화에서 말하는 적은 양의 양털과 어느 정도의 로고스

는 여성뿐만 아니라 남성에게도 필요하다. 힘이 폭발하지 않을 정도의 로고스는 다룰 수 있다. 폭발이 일어나면 개개인뿐 아니라 집단 전체가 파괴될 것이다.

황금양털을 보존하는 데에도 여성과 남성은 서로 다른 방법을 쓴다. 양털신화의 프릭수스Phrixos가 양털을 획득하는 방법과, 프시케의 방법이 서로 다르다. 프릭수스는 양을 희생물로 죽인다. 프시케는 양을 죽이지 않는다. 프시케는 양과 직접적으로 맞닥뜨리지 않고 나뭇가지에 매달린 양털을 채취한다. 그런데 묻어 있는 것을 끌어 모으거나 가지에 매달려 있는 로고스로부터 긁어내는 방법은 현대 여성에게는 참을 수 없는 방법으로 느껴질 수 있다. 왜 여성은 적은 양만 획득해야 하는가? 왜 단순하게 남성처럼 숫양을 죽여 양털을 깎아내는 승전보를 울리면 안 되는가?

프시케 신화는 여성이 남성들처럼 힘의 게임을 하지 않고도 자신에게 필요한 남성성을 얻을 수 있다는 사실을 말해 주고 있다. 프시케의 방식이 훨씬 부드럽다. 여성이 남성적인 힘을 휘두르기를 원한다 해도 남성적인 방식으로 힘을 얻을 필요는 없다.

신화가 인정하는 것보다 훨씬 많은 남성성을 필요로 하는 여성이 있다. 자신의 왼쪽 가슴을 도려내었던 아마존을 떠올려 보라. 아마존은 활시위를 당길 때 가슴이 거치적거리지 않도록 한쪽 가슴을 도려내었다. 이는 중요한 부분의 여성성을 포기하는 것을 상징한다. 여성 내면에 여성성보다 남성성이 훨씬 많으면 분명 문제이다.

개인적인 견해로는 서양의 문명화가 어느 지점에서 잘못된 방향으로 나아가기 시작한 것 같다. 여성성을 위한 공간이 위협받고 있는 것이다. 그래서 나는 이 신화가 대단히 중요하다고 생각한다. 이 신화는 여성의 역할에 대해 바른 길과 바르지 않은 길을 말해 준다. 여성은 여성적인 방식으로 자신에게 필요한 모든 남성성을 가질 수 있다.

신화에서 여성이 황금양털을 가져서는 절대 안 된다고 말하지 않는다. 그리고 여성이 남성성의 특질인 '집중된 의식'을 가져서는 안 된다고 말하지도 않는다. 신화는 단지 남성에게 지나친 여성성이 방해가 될 수 있듯이, 여성에게도 지나치지 않을 정도의 남성성이 필요하다고 지적할 뿐이다.

실제 프시케 신화가 태동할 시점에는 프시케가 황금양털을 전혀 갖지 않는 것이 이상적이라는 견해가 있었다. 그때까지 황금양털을 추구하는 것은 위대한 남성신화의 과제였고 남성의 모험이었기 때문이다. 그러나 프시케가 자기 내면의 모험정신과 강인함을 발견할 수 있을 만큼의 황금양털은 필요하다. 이 과제는 또 여성의 발전 단계에서 순수하고 본능적이고 무의식적인 단계를 넘어서기 위해 필요하다. 들판으로 보내져 황금양털을 획득하는 이미지 자체는 여성의 성장을 위한 위대한 발전이었다.

우리는 소우주가 대우주라는 사실을 기억해야 한다. 로고스 일부는 곧 전체이다. 예수의 이미지를 떠올려 보자. 예수가 군중들 사이로 걸어갈 때 많은 사람들이 밀고 당기며 예수를 만졌다. 한 여성이 바른 태도를 갖고 예수의 옷 끝자락을 만지자 그녀는 치유되고 전일성을 획득했다.

신화는 자신의 목적을 이루려면 여성에게 약간의 황금 양털이 필요하다고 말한다. 옷 전체가 아니라 끝자락 말이다. 여성에게는 끝자락만으로도 충분하며, 그만한 양으로도 전일성에 도달할 수 있다.

여성에게 남성성이 필요하다고 해서 여성성과 남성성이 똑같이 반씩 있어야 한다는 말은 아니다. 많은 여성들이 자신도 남성과 같은 정도의 '집중된 의식'이 필요하다고 말한다. 그러나 이것은 합리적이지 않을 뿐 아니라 안전하지도 않다. 여성은 여성성이 주를 이루고 남성성이 보조를 해야 한다. 여성에게 남성성은 작은 부분이어야 한다. 우리는 생물학적 한계와 기능에 의해 제한을 받는다. 남성의 세계에 진출하는 여성은 이 문제를 이해하고 자신의 객관적인 남성성을 이용해야 한다. 여성은 '집중된 의식'이 필요하고 특유의 고요함과 원천과의 접촉, 그리고 주변 사람들에게 성배의 성을 상기시켜 주는 특질을 지녀야 한다.

십대의 아들을 둔 어머니는 이런 원리를 이해해야 한

다. 어머니가 너무 빨리 너무 많은 것을 알려고 해서는 안 된다. 어머니는 아들에게서 소년의 세계를 빼앗아도 안 되고 아들의 검을 멀리 치워서도 안 된다. 갑자기 공격적으로 변하는 어머니의 남성성으로 인해 아들의 세계는 쉽게 부서질 정도로 너무나 취약하기 때문이다.

11 | 스틱스 강 *Styx river*

| 독수리 |
새들의 제왕으로 천상의 힘의 메신저이자
아버지의 권위를 상징한다.

11

 신화로 돌아가자. 아프로디테는 프시케가 황금양털을 조금 가지고 있다는 사실을 알게 된다. 아프로디테는 분노가 치밀어 이번에는 프시케를 완전히 파괴시키리라 마음먹는다. 프시케에게 크리스탈 잔을 주며 그 잔에 스틱스 Styx 강의 물을 가득 채워 오라고 명한다. 스틱스 강은 높은 산정에서 떨어져 땅으로 들어갔다가 다시 높은 산으로 되돌아가는 강이다. 돌아들어 환원하는 강이다. 영원히 원천으로 돌아가 지옥 깊이 흘러 내려가고 다시 최고로 높은 산의 험난한 바위틈으로 되돌아간다. 이 강물은 굉장히 위험한 괴물이 늘 지키고 있다. 그래서 강물을 받을 만큼 가까이 접근한 인간은 아직 없었다.

프시케는 그 자리에 주저앉는다. 이번에는 울 수조차 없다. 그녀는 절망으로 감각을 잃어버린다. 이때 제우스신의 독수리가 다가온다.

다른 신화에서 이 독수리는 사랑에 빠진 제우스신을 도와주어 둘 사이에 이미 친분이 있었다. 제우스는 이제 공개적으로 자기 아들 에로스를 보호하려고 나선다. 그래서 독수리에게 프시케를 도와주라고 명한다. 절망에 빠진 프시케에게 독수리가 나타나 크리스탈 잔을 자신에게 달라고 한다. 독수리는 잔을 받아 든 즉시 날렵하게 강물의 중심으로 날아가 위험한 물길에 컵을 가져다 댄다. 이렇게 물을 받아 그 잔을 안전하게 프시케에게 가져다 준다. 프시케의 과제는 완수되었다.

스틱스 강은 생명의 강이다. 강물은 위아래로 흐른다. 지구의 가장 낮은 곳에서 가장 높은 곳으로 흐른다. 강은 빠르고 위험하게 흐른다. 강둑은 미끄럽고 가파르다. 가까이 접근하면 물길에 휩싸여 빠져 죽거나 바위에 부딪혀 죽는다.

이 과제는 여성이 어떻게 삶의 웅대함을 체험하느냐에 관한 것이다. 프시케는 물 한 잔만 필요하다. 여성성의 방식은 한 가지만을 완수하는 것이고 또 그 한 가지를 잘 하는 것이다. 그렇다고 여성이 두 번째, 세 번째, 열 번째를 거부하는 것이 아니다. 그러나 한 번에 한 잔의 물을 순서대로 채워야 한다.

어떤 심리학자들은 여성의 심리는 집중되지 않는 심리라고 한다. 풍부하고 다양한 가능성의 홍수에 빠져 허우적대는 것이 여성성의 특질이다. 대개 주어진 모든 것들을 한꺼번에 다루려고 한다. 수많은 가능성 중에는 서로 반대되는 일도 있다. 그래서 반드시 그 많은 가능성 중 하나를 선택해야 한다. 파노라마 같은 시야를 갖고 있는 독수리처럼 우리 개개인은 거대한 강의 전체를 봐야 한다. 그러나 초점은 한 지점으로 모아야 한다. 그곳에 정확하게 잔을 갖다 대야 하는 것이다.

적은 것이 괜찮다. 그러나 주변에서 많은 것은 더욱 좋다는 표현을 종종 듣는다. 우리 주변에 널려 있는 상업광고가 매일 "가능한 모든 것을 움켜쥐어라"라는 메시지를 주입한다. 그러나 이것은 불가능하다. 바꾸어 말하면 우리는 결코 아무 것에도 만족하지 못한다는 뜻이다. 심지어 특별한 체험을 하는 중에도 다른 가능성을 찾아 기웃거린다. 그런 사람은 끊임없이 더 크고 더 많은 것을 찾아 헤맨다. 절대 만족하지 못한다.

우리 신화는 이 대목에서 조금이나마 높은 수준을 경험하게 해준다. 높은 단계의 의식을 가진 사람들이 경험하는 질적인 만족을 이야기하며, 아주 적은 양으로도 충만하다는 것을 웅변한다. 시인은 모래알 하나에서 세상을 본다고 노래한다. 지금 체험하고 있는 단 한 가지에 집중하면 그 안에서 즐기고 누릴 수 있다. 그런 다음 우리 앞에 다가오는 새로운 일들을 해나갈 수 있다.

크리스탈 잔은 물을 채우는 그릇이다. 크리스탈의 특질은 매우 약하고 진귀하다는 것이다. 인간의 자아를 크리스탈 잔에 비유할 수 있다. 거대한 생명의 강을 이 잔에 담을 수 있다. 거칠고 험난한 삶의 강에서 자아를 다룰 때는 크리스탈 잔을 다루는 것처럼 주의해서 아름답게 다루어야 한다. 그렇지 않으면 자아의 잔은 산산이 부서져 버릴 수도 있다.

독수리의 특질도 필요하다. 독수리처럼 정확하게 보고 파악하여 강물의 적소로 재빨리 접근해 바른 방식으로 잔에 물을 채운다. 자아가 무의식의 거대한 강에서 물을 길어 의식을 확장하려 할 때 한 번에 한 잔의 물을 길어 올리도록 충고를 하는 것이 좋다. 그렇지 않으면 자아라는 잔은 무의식의 강물의 힘에 놀라 산산이 부서져 버릴 수 있기 때문이다.

세상사에 얽매여 사는 개개인이 땅에서든 강둑의 한 지점에서든 거대한 생명의 강물에 다가서려면 그 자체가 혼란스럽고 위험하게 느껴질 수 있다. 그래서 분별이 불가능할 것이라 생각할 수 있다. 때로 강의 다른 지점으로 돌아가 접근하면 고여 있는 물을 발견할 수도 있다. 이곳의 물은 움직이지 않는다. 생명이 없으며 변화를 위한 전망도 볼 수 없다.

자신이 서 있는 지점에서 좁은 시야로 삶의 강을 바라보는 사람은 특히 자신의 독수리적인 특질을 불러내야 한다. 그래서 강 전체를 볼 수 있도록 시야를 넓히고, 어디에서 강물이 돌고 어디에서 급류가 일어나는지 강의 변화를 살펴보아야 한다. 시야를 확장하면 더 나은 전망이나 더 많은 가능성을 보게 되고 이런 가능성을 삶에 실현할 수 있다. 우리는 모두 독수리의 특성이 필요하다. 특히 강둑의 한 지점에 갇혀 있는 경우에는 더욱 그렇다.

이 대목에서 신화가 우리에게 들려주는 조언은 현대인에게 특히 적절하다. 내가 알고 있는 여성들은 거의 대부분 강을 향해 똑바로 걸어 들어간다. 그리고는 강물의 힘에 압도당한다. 이 여성들은 너무 바쁘게 산다. 이것을 공부하고 저것도 하고 차를 빌려타고 이리저리 다닌다. 대형 프로젝트를 다루고 자신이 만신창이가 될 때까지 뛰어다닌다. 이들에게 절실히 필요한 것은 멈춰서는 고요함이다. 삶의 무게가 어깨를 짓누르더라도 하나씩만 택하여 한 번에 크리스탈 잔 하나를 들고 그 잔에 집중해야 한다. 그리고 그 잔을 잘 채워야 한다. 그런 다음 다른 것으로 옮겨 가야 한다.

12 | 지하세계 *Persephone's realm*

| 미궁 |
미궁은 미궁 속의 여행을 완수하는 사람이 어두움에서 빛으로,
순간에서 영원으로, 무지에서 지혜로 변화해 가는 것을 상징한다.

12

 프시케의 네 번째 과제는 우리들의 관심사와는 거리가 먼 것이다. 이 발달단계에 이른 사람은 거의 없으며, 이 대목은 일반 사람들이 체험할 수 없는 그 너머의 단계를 다루고 있다. 이 대목을 이야기할 때마다 나의 이성이 송두리째 발아래로 녹아내리는 것 같은 느낌을 받는다. 그러나 프시케의 과제를 수행하도록 초대받은 사람들은 모두 이 부분을 알고 있어야 한다.

 아프로디테는 프시케에게 반드시 지하세계로 가야 된다고 말한다. 지하세계에 가서 여왕 페르세포네Persephone가 가지고 있는 아름다움의 묘약이 든 상자를 가져오라고 명한다. 프시케는 다시 그 자리에 쓰러진다. 이때 프시케를 도와

주는 힘은 살아 있는 존재가 아니다. 자연현상도 아니다. 탑tower이 프시케에게 지하세계로의 여정에 필요한 조언을 해준다.

프시케는 동전 두 개를 입에 물고 손에 보리빵 두 쪽을 들고 가야 한다. 다리를 저는 노인이 노새 등에서 굴러 떨어진 지팡이를 주워달라고 하면 거절해야 한다. 스틱스 강에서 나룻배를 타고 건널 때 뱃사공에게 동전 하나를 지불해야 한다. 강을 건널 때는 죽어가는 자들이 지푸라기라도 잡으려고 버둥거리며 내미는 손을 외면해야 한다. 또 운명의 실로 베를 짜고 있는 세 여성의 도움도 거절해야 한다. 프시케는 지옥의 문을 지키는 케르베로스Cerberus에게 보리빵 한쪽을 던져 주어야 한다. 케르베로스는 지옥문을 지키는 머리가 셋 달린 개인데 보리빵 한쪽을 서로 먹으려고 싸우는 틈을 타 재빨리 그 문을 통과해야 한다. 이 과정에서 프시케는 지하 세계에서 주는 간단한 음식 외에는 아무것도 먹어서는 안 된다. 그리고 돌아오는 길에 지하세계로 들어가면서 했던 모든 것을 되풀이해야 한다.

앞의 세 과제를 통해 충분한 힘과 지혜를 얻기 전에 네 번째 과제에 도전해서는 안 된다. 이 여정을 위해서는 반드시 스승이나 지도자가 필요하다. 스승이나 지도자가 없다면 충분히 힘과 지혜가 길러질 때까지 이 과제에 도전하지 않는 것이 좋다. 지하세계의 여정에서 중도에 갇히면 그 고통은 형언할 수 없다. 동전 두 개와 보리빵 두 쪽, 그리고 탑으로부터 필요한 정보를 전부 얻기 전까지 이 여정을 시작해서는 안 된다.

맨 먼저 적절한 탑, 즉 인간이 세운 건조물을 찾아야 한다. 탑은 남성적인 것으로 인간이 발명하고 건설한 것이다. 수많은 규칙과 전통이며 시스템을 뜻한다. 서양인들에게는 그리스도교가 그런 힘을 지닌 최선의 탑이다. 훌륭한 예로 로욜라의 이냐시오 성인의 영적 수련을 들 수 있다.* 성인들의 삶과 기도의 시간들, 피정과 같은 영적 수행 말이다. 서양에서 기원한 수련 외에도 요가나 수피 신비주의 등 동양의 탑들도 있다. 이론상으로는 어떤 탑을 선택해도 상관없다. 그러나 서양인들은 서양 전통에서 발전된 탑을 이용하는 것이 최선이다. 집단 무의식에는 패턴이 있는데 서양인들에게는 서양에서 자란 것이 가장 적합하다.

이 여정에서 프시케가 가장 먼저 배워야 하는 것은 지나친 관대함을 표현하지 않는 것이다. 이 발달단계에서는 다리를 저는 사람에게 "아니오"라 말해야 하고, 죽어가는 사람에게 "아니오"라고 해야 한다. 언젠가 이 네 번째 발달단계에 있는 매우 지적인 여성을 상담한 적이 있다. 이 여

---

* Ignafius of Loyola. 16C 스페인에서 태어난 성인으로 기도와 극기와 단식으로 그리스도의 길을 체험하고 자신이 체험한 '영신수련'으로 많은 사람들의 수련에 도움을 주었다. 그의 '영신수련'이 기도와 사도직의 지침서가 되었다.

성은 자신의 관대함 때문에 누군가에게 "아니오"라는 말을 못해서 자신이 가야 할 길을 잃게 되었다. 나는 종종 그녀가 거절하지 못하는 상황에 그녀 대신 거절을 해야 했는데, 어느 날 전화로 누군가 부탁을 해왔다. 거절하기 어려운 부탁이었고 그녀는 "아니오"라고 말하지 못했다. 다시 내가 그 여성의 탑이 되어 거절을 해야 했다. 프시케는 이 과제를 수행하는 동안 노인 몇 명이 바닥에 지팡이를 떨어뜨리고 다시 노새 위로 올라갈 수 있도록 도와 달라는 요청을 거절해야 한다. 프시케는 "아니오"라는 말을 하기 시작한다. 강물에서 죽어가는 사람이 도움을 요청할 때도 "아니오"라고 말한다.

남에게 친절하게 대하고 선물을 베푸는 것은 아주 고상한 덕목이다. 관대함에 대한 서양사회의 태도는 거의 예외 없이 '친절하라'는 것이다. 인도에 있는 동안 나는 친절에 대한 다른 태도와 다른 방식을 발견했다. 예를 들면 내가 거지에게 돈을 주어 친절을 베풀었을 때 내 인도 친구들은 "로버트, 왜 다른 사람의 삶을 방해하나?"라고 묻곤 했다. 어느 날 마침내 내 친구에게 해줄 답을 찾아냈다. 내 대답은 "나 자신에게 필요해서"였다. 그 친구는 "글쎄, 만일 너 자신을 위한 것이라면 그건 괜찮아"라고 말했다.

이런 태도와 관련하여 중국의 우화 중에 남성성과 여성성을 표현해 주는 이야기가 있다. 동이 틀 때 남성이 산꼭대기에 서 있다. 손에 힘을 주어 손바닥을 위로 하고 창조적인 "예"를 말한다. 동이 틀 때 여성이 산꼭대기에 서서 손에 힘을 주고 손바닥을 땅으로 향하여 창조적인 "아니오"를 말한다. 중국식으로 진리를 표현하는 이미지이다. 남성성과 여성성이 각각 절반의 실체를 다룬다. 동양적 표현으로 '양'과 '음'이라 하는데 서로가 서로를 완전하게 보정한다. 각각은 다른 측면을 필요로 하는 것이다. 그리고 각각은 다른 측면을 풍요롭게 한다. 여기서 우리가 다루고 있는 창조적인 거절은 무관심과는 다른 것이다. 창조적 거절은 가능성을 의미하나 현대 서양 세계관에서는 잃어버린 것이다. 여성이 프시케가 수행하고 있는 이 과정을 경험하고 있다면 창조적인 거절을 할 수 있어야 한다.

여성이 다른 임무를 완결하고 이 발달단계에 이르렀을 때만 거절이 진실이 된다. 관대함을 배운 적이 없는 여성에게 '거절'을 배우라는 것은 그 여성에게는 독이 된다. 창조적인 '아니오'가 요구되는 상황은 지극히 제한되어 있다. 그 나머지 경우에는 관대하라.

우리 사회에는 신화에서 묘사하는 것같은 굶주린 거지를 찾기 쉽지 않다. 그러나 우리는 수많은 부탁을 받는다. 전화벨이 계속 울리고 뭔가를 해달라는 요청을 끝없이 받는다. 현관 벨이 울리고 후원이나 구매를 요청한다. 마침내 내가 도움을 주는 방식은 이 방식이 아니라는 결론을 내리

탑
인간이 만든 수직의 구조물로 하늘과 땅을 연결하는 세계의 축을 상징한다. 이집트에서는 태양이 떠오를 때 첫 번째 광선이 이 탑에 닿는다고 믿었다.

게 되었다. 그러나 문 앞에 있는 사람에게 "아니오, 나는 내 방식대로 남을 돕고 있어요"라고 말하기까지 많은 용기가 필요했다.

원시사회에서는 누군가 다른 사람을 위해 뭔가를 해주면 도와준 사람이 도움을 받은 사람에게 빚을 지게 된다. 아프리카에서 누군가 다른 사람의 목숨을 구해 주었다. 목숨을 구한 사람이 범죄를 저지르면, 그를 구해 준 사람이 책임을 져야 한다.

인도에서 내 친구는 다른 사람에게 친절히 대하는 나의 태도에 대해 끊임없이 질문을 했다. "너는 왜 그렇게 하니?" 나는 머뭇거리다가 "이게 선행이기 때문에……" 혹은 "그 사람이 나를 감동시켰어"라고 하면 내 친구는 "그건 이유가 아니야"라고 답했다.

신화가 가르쳐주기를 여성은 특히 삶의 어떤 시기에는 무분별한 선행을 해서는 안 된다고 말한다. 특히 공동선을

행해서는 안된다. 네 번째 과제는 그 사람의 모든 에너지와 모든 자원을 필요로 하기 때문이다.

각 단계별로 하나씩 자신의 개성화individuation 과제를 수행하는 것이 이상적이다. 한 과제를 수행하는 과정에서 얻은 강인함을 더해서 다음 단계를 성공적으로 수행하게 된다. 그러나 실제 상황에서는 단계적 구분이 주어지지 않는다. 모든 단계가 뒤섞여 한꺼번에 닥치게 되고 이런 네 가지 단계가 구분 없이 다가온다. 가능하다면 실제 이 네 번째 단계에 휘말리기 전까지는 이 과제에 대해서 모르기를 바란다. 과제를 알고 나면 이를 수행하는 과정에서 조금씩 질문을 해가며 발걸음을 천천히 옮기려고 할지 모른다. 그러나 실제 이 단계에는 '조금씩', '서서히', '차근차근'이란 행위는 적합하지 않다. 이 부분에 있어서 융은 "자기분석을 하다가 도중에 그만두려면 아예 시작조차 하지 마라"라고 분명히 말했다. 이 지하로의 여정, 밤바다의 항해를 위해서는 끝까지 완수할 준비가 되어 있어야 한다. 뱃사공에게는 뱃삯이 필요하다. 사공은 모든 에너지를 모아서 스틱스 강을 거슬러 갔다가 다시 돌아올 만큼 충분한 에너지를 축적해야 한다.

프시케는 운명의 실을 짜는데 참여하는 여자들에게 "아니오"라고 해야 한다. 어떤 여성은 세상의 운명을 짜는 것, 특히 자녀의 삶의 운명을 짜는 초인간적인 직조에는 손을 대서는 안 된다. 일반적으로 어머니의 역할이 자녀의 삶을 인도해야 한다고 생각한다. 어떤 면에서는 분명 맞는 말이다. 그러나 다른 측면에서 보면 자녀들은 어머니의 자식이 아니다. 자녀들은 어머니의 자식이라기보다는 생명의 자식이다. 어머니가 자녀를 위한 운명을 짜려고 자기 자신의 운명을 짜는 행위를 멈추어서는 안 된다. 어머니가 자신의 운명에 깊이 힘쓰는 것이 결국 자녀들에게 도움이 된다.

프시케는 지하 세계로 여정을 떠난다. 지하 세계에서는 많은 음식을 먹지 말라는 조언을 받았다. 페르세포네가 향연을 베풀었을 때 프시케는 이 충고를 기억하고 음식을 거절한다. 프시케는 빵과 물만 먹고 이 여정을 수행한다. 이 대목에서 시사하는 바가 있는데 대부분 문화에서 어떤 장소에 음식을 함께 나누면 그 장소와 함께 그 가족이나 상황에 영구적인 관계를 형성하게 된다고 믿는다. 음식을 먹는 곳이 바로 자신이 언약을 하는 곳이 된다. 이것이 바로 인도에서 브라만Brahman이 가장 낮은 카스트의 집에서 음식을 먹지 않는 이유이다. 음식을 나누는 것 자체가 바로 그 집, 그 계층과 밀접한 관계를 맺는 것을 의미하기 때문이다.

프시케는 아름다움의 묘약이 들어 있는 상자를 가지고 나온다. 남은 보리빵을 지하세계의 문에서 케르베로스에게 던져 주고 살짝 빠져 나온다. 프시케는 다시 뱃사공을 만나고 남은 동전 하나를 뱃삯으로 주고 지상으로 돌아온다.

그런데 온갖 어려움과 시련을 극복하고 과제를 마친 뒤 프시케는 이해할 수 없이 야릇하고 어리석은 짓을 한다. 아프로디테에게 그렇게 소중한 묘약이라면 왜 자기 자신에게는 귀하지 않겠는가라는 생각이 든다. 그녀는 상자 뚜껑을 연다. 그러나 상자에서 나온 것은 아름다움이 아니라 바로 죽음의 잠이다. 영원한 잠이 그녀에게 쏟아진다. 프시케는 죽은 듯 땅에 쓰러진다.

(나중에 이 지점으로 되돌아 오겠지만 일단 이야기를 끝까지 해보자.)

이때 에로스는 사랑하는 여인 프시케가 위험에 빠졌다는 사실을 감지한다. 에로스는 프시케에게 날아와 죽음의 잠을 쓸어내어 상자에 넣고 뚜껑을 닫아 버린다.* 그런 다음 프시케를 안아서 올림포스 산으로 데려간다. 에로스는 제우스에게 이야기하여 프시케를 여신으로 만든다. 아프로디테도 찬성한다. 아프로디테는 이제 프시케에게 만족한다. 모든 신과 여신들의 동의 하에 프시케와 에로스는 결혼을 한다. 프시케는 딸을 낳는다. 그 딸의 이름은 '기쁨 pleasure'이다.

---

* 신화의 이 대목의 전개방식에 많은 이견이 제시된다. 여성이 이 신화를 이야기한다면 분명 이런 방식으로 결말 짓지는 않을 것이다. 원문에 충실하지만 이 대목을 다른 방식으로 전개하는 책도 많이 있다는 것을 밝혀둔다.

13 | 조이와 엑스타시 *Joy & Ecstasy*

| 공작 |
평화와 번영과 아름다움의 상징이자 우주적 상징이다.
꼬리를 활짝 열 때 태양과 달과 별 등 온 우주가 그 안에 펼쳐진다.

13

프시케가 그렇게 어려운 과제들을 그토록 용감하게 마친 뒤 아름다움의 묘약이 든 상자를 여는 것을 어떻게 해석해야 할까?

아름다움의 묘약이란 여성의 아름다움과 매력 그리고 이상적인 육체 등에 대한 선입관일 수 있다. 역사를 통해 여성에게 이것이 얼마나 중요했는지는 잘 알려져 있다. 오늘날에는 더욱 중요해졌다. 여성은 머리를 만지거나 화장을 하는데 많은 시간을 소요한다. 남성은 여성의 이런 모습을 잘 이해하지 못할 수도 있다.

우리 사회는 '영원한 젊음'을 유지하려는 강박관념에 사로잡혀 있다. 페르세포네의 손에 있는 아름다움의 묘약은 바로 우리 사회가 가진 강박관념의 산물이다. 그 상자를 열어 잠에 빠지는 여성이 있는데 이들은 외부 세계와 진정한 관계를 맺을 능력이 없음을 의미한다. 여성은 가끔 가면을 쓴다. 이런 여성은 때때로 내면의 아니무스를 겉치장으로 기쁘게 하려 한다. 그러나 그 과정에서 여성의 자연적인 우아함은 대부분 잃게 된다.

프시케에게 잠이란 마지막 쓰러짐이다. 신탁으로 예언했던 죽음의 잠이 이야기가 진행되는 과정에서 지연된 것뿐이다. 에로스가 그녀를 낙원으로 데려감으로 죽음의 잠이 이 지점까지 지연된 것이다. 꿈과 신화에서 죽음은 보편적 상징이다. 심리학적 죽음은 한 단계에서 다음 단계로의 성장과 변환을 확인하는 확실한 증거이다. 과거의 자신은 죽고 새로 태어난 자신이 등장한다.

이야기 초기의 프시케는 사랑스럽고 순진한 여성이다. 신탁에서 요구하는 새로운 삶이나 성장 혹은 진화를 해나가기 위해서 소녀로서의 프시케는 죽어야 한다. 자신의 아름다움과 순진함과 순수함에 매료된 나르시스적인 그녀는 죽어야 한다. 그래서 추하고 어두운 측면의 자신과 개발되지 않은 자신의 잠재력을 다 포함하는 삶의 복잡성을 이해해야 한다.

지하의 여왕인 페르세포네보다 이 과정을 더 잘 이해하는 여신이 누가 또 있겠는가? 신화 초기에 페르세포네는 프시케처럼 순진하고 아름다운 처녀였다. 생동감이 넘쳐나고 봄날의 싱그러움이 물씬 풍겼다. 그녀는 아름다움에 몰두해 있었다. 그런데 그녀는 순진함이란 자리에서 끌려내려와 운명적 역할을 수행하게 된다. 신화에서 페르세포네는 나르시스 꽃에 매료되어 있다가 땅이 열리면서 납치된다. 이 꽃은 제우스신이 페르세포네를 친구들에게서 떨어져 혼자 있게 하기 위해 의도적으로 마련한 것이었다. 페르세포네가 혼자 떨어져 꽃을 꺾으려 할 때 지하의 신 하데스Hades가 그녀를 낚아채어 자신의 신부로 삼기 위해서 지하세계로 데려간다. 페르세포네가 하데스에게 납치된 뒤 어머니 데메테르Demeter는 머리를 산발하고 산과 들을 헤매며 딸을 찾아 통곡하고 다닌다. 대지의 여신 데메테르가 슬픔에 빠져 땅에 풀 한 포기 자라지 않자 제우스가 나선다. 해마다 봄이 되면 페르세포네가 지상으로 올라와 한해의 절반을 어머니 데메테르와 함께 보내게 된다.

페르세포네는 아름다움의 가치와 그로 인해 치러야 할 값에 대해 배운다. 그녀는 해마다 봄과 여름은 지상에서 지낸다. 지상에서 첫서리의 입김에 모든 것이 시들어 죽게 되는 것도 보게 된다. 이맘때 그녀는 지하세계로 되돌아간다. 페르세포네는 아름다움은 영구적이지 않지만 그럼에도 불구하고 아름다움에 대한 강한 갈망이 있다는 것에 관해서도 알게 된다.

마지막 과제를 위해 아프로디테가 프시케를 보내는 곳이 페르세포네의 지하세계이다. 더 나은 장소는 없는가? 프시케의 성장을 어렵게 하고 남성의 근접이 불가능한 상황을 중단하려면 처녀인 프시케가 죽어야 한다. 프시케의 나르시시즘도 죽어야 한다. 진화를 위한 죽음을 위해 프시케가 갈 곳이 페르세포네의 세계보다 더 적절한 곳이 있을까?

프시케는 이미 세 과제를 수행했다. 각 과제를 수행하면서 얻게 된 힘을 동화해가면서 점차적으로 더 복잡하고 철저하게 의식적인 자기이해를 향해 나아간다. 마침내 프시케는 개성화individuation, 전일성wholeness, 그리고 완전함completion을 향한 마지막 과제를 수행한다. 이 과제는 항상 무의식 혹은 지하세계로의 추락을 요구한다. 지하세계의 여정은 의식적인 자기 통제가 가능할 정도로 준비된 단계에서만 시도할 수 있다.

흥미롭게도 무의식에 숨겨져 있는 문제들을 깊이 조사한 뒤에 프시케는 그 이전의 의식 상태로 퇴행해야 한다. 상자를 열어 상징적 죽음을 맞아야 한다. 아름다움의 묘약을 이용하려 할 때 이 묘약은 바로 그녀에게 죽음이다.

대부분의 다른 신화에서와 마찬가지로 이 신화에서도 죽음이 잠으로 표현된다. 내면세계에서 아니무스를 위한 적절한 차원은 자아를 보호하고 새로운 국면의 프시케의 탄생을 앞당긴다. 자아와 아니무스의 관계는 이제 적절하고 전일적이고 완전하다. 프시케를 위한 이 결합의 결실이 바로 기쁨이요 엑스타시다. 프시케는 전일성을 획득하고 드디어 여신이 되는 것이다.

그러나 신화에서 프시케는 죽음 같은 잠을 완전히 마치지 못했다. 어떤 삶이든 완전해지기 위해서는 성공과 실패가 모두 포함되어야 한다. 프시케가 한 가지도 실패하지 않고 과제를 완벽하게 해냈다면 프시케는 고통을 모르는 삶을 살지도 모른다. 실패는 프시케가 인간임을 상기시켜 준다. 우리들에게 모든 성장에는 필연적으로 실패가 따른다는 사실을 알려 주고 있다.

프시케의 잠은 무덤 속에 있는 예수의 잠을 연상해 보게 하고 고래 뱃속의 요나 이미지를 떠오르게 한다. 이것은 위대한 잠이고 위대한 죽음이다. 그리고 또 최후 승리 직전의 위대한 몰락이기도 하다.

우리는 진보가 곧 성공이라고 생각하도록 훈련받았다. 그러나 반대로도 생각할 수 있어야 한다. 존 샌포드는 여러 번 완전함completeness과 완벽함perfection의 차이점을 설명했다. 완전함이란 실패를 포함한다. 프시케는 여정의 마지막 지점에서 실패를 경험할 필요가 있다. 우리는 모두 그림자shadow를 갖고 있는데 가끔은 아주 결정적인 순간에 그림자가 우리를 구원한다.

프시케가 상자 뚜껑을 열었을 때 아름다움의 묘약은 그 안에 없다. 죽음의 잠이 있을 뿐이다. 프시케가 계속 탐구해야 할 페르소나Persona*가 있을 뿐이다. 현재 그녀를 위한 아름다움은 곧 죽음이다.

신화의 끝에서 에로스가 프시케를 구원한다. 구원의 선물은 전일성이다. 전일성이란 획득하는 것이 아니라 신으로부터 주어지는 것이다. 어떤 사람은 프시케가 과제들을 수행하는 내내 에로스가 프시케에게 힘을 부여해 주고 있었다고 말한다. 에로스는 프시케의 아니무스로서, 개미로, 갈대로 그 뒤에 독수리로, 그리고 탑으로 나타났다. 에로스는 바로 여성 내면의 아니무스이다. 아니무스가 강해지고 치유되고 이전의 소년 같고 트릭스터Trickster** 같은 특질을 몰아내고 프시케의 짝으로 손상이 없도록 성숙하였다. 이는 프시케의 노력에 의해 또 에로스의 도움으로 가능했다. 서서히 에로스는 프시케를 되찾게 된다.

우리가 바삐 살아가는 동안 극복할 수 없을 것 같은 어려운 문제들이 저절로 해결되는 것을 발견하면 경이롭다.

---

* 페르소나는 원래 그리스 배우들이 쓰던 가면으로 거짓 자신이라 할 수 있다. 페르소나의 역할은 자아와 외부세계 사이를 중재하고 사회문화가 요구하는 것과 자아의 필요 사이에서 절충을 한다.
** 트릭스터는 광대 익살꾼, 사기꾼, 도둑, 기지에 넘치는 천재 이 모두를 다 포함하여 묘사할 수 있는 원형이다. 선악이 태어나기 이전부터 존재하던 가장 오래된 신이고 장난과 익살을 좋아한다. '변화 없음', '지루함' 등이 트릭스터의 적이다. 이 원형이 우리 민담에서는 호랑이나 도깨비 등으로 표현된다.

이에 관한 페르시아 이야기가 있다. 한 청년이 산에 올라갔다가 동굴을 발견했다. 동굴로 들어가 살펴보다가 아주 값비싼 진주를 하나 발견했다. 그러나 그 진주는 사나워 보이는 용의 발톱 밑에 있었다. 청년은 진주를 빼낼 수가 없다는 사실을 알고 마을로 돌아왔다. 슬프지만 자신의 일상으로 돌아갔다. 그러나 그 진주를 보고 난 뒤, 일상의 삶은 지루하기 짝이 없었다. 그는 결혼을 했다. 곧 가족이 생겼고 계속 일을 했다. 나이가 들자 자녀들이 다 떠나가게 되었다. 드디어 그는 일상의 의무로부터 완전히 자유로워졌다. 그는 '죽기 전에 동굴로 가서 그 진주를 다시 한 번 봐야지' 하는 생각으로 산으로 올라갔다. 산에서 그 동굴을 발견하고 안으로 들어갔다. 거기에 영원히 아름다운 진주가 있었다. 그러나 이제 용은 아무 두려움도 느낄 수 없을 만큼 자그맣게 줄어들어 있었다. 그는 진주를 주워 집으로 돌아왔다. 그는 오랜 세월 일상을 통해 그 공룡과 싸워 왔던 것이었다.

프시케의 딸이 태어났다. 아이의 이름을 영어로 번역하면 '기쁨pleasure'이다. 그러나 내 직관으로는 '조이joy'나 '엑스타시ecstasy'가 타당할 것 같다. 여성이 마침내 의식 발전단계의 최고점에 닿게 되면, 자신의 여신적인 특질을 발견하게 되고 모두에게 '기쁨'과 '조이'와 '엑스타시'를 가져다 준다.

여성성이 최고의 경지에 도달하면 삶 속에 조이와 기쁨과 엑스타시를 가져올 것이라 생각한다. 남성이 여성을 높이 평가하는 이유는 바로, 여성이 기쁨과 엑스타시의 힘과 능력을 삶으로 되가져올 수 있는 가능성을 가지고 있기 때문이다. 남성은 여성성의 도움 없이 혼자서 엑스타시를 발견할 수 없다. 그래서 그들은 외부의 여성에게서나 내면의 여성에게서 엑스타시를 추구한다. 조이는 여성의 가슴에서 우러나오는 선물이다.

여성의 최대의 특권은 바로 조이를 회복할 수 있는 능력이다. 선불교에 '십우도'라는 것이 있다. 십우도에서 소와의 일련의 만남으로 인간의 발전을 묘사한다. 많은 예술가들이 인간의 일생의 여정 특히 영성적인 발달을 아주 세련되게 묘사하려고 노력해 왔다. 첫 번째 그림에서 인간은 잃어버린 소를 찾고 있다. 여기서 소는 본능과 힘을 상징한다. 두 번째, 소의 흔적을 찾는다. 세 번째, 소를 발견한다. 네 번째, 저항하는 소의 고삐를 잡는다. 다섯 번째, 순한 소를 이끈다. 여섯 번째, 소를 모는 사람이 소의 등에 앉아 있다. 일곱 번째, 가까이에 소 없이 명상을 한다. 여덟 번째, 소는 시야에서 사라진다. 아홉 번째, 평화와 고요함으로 돌아간다. 열 번째, 숭고한 시간이다. 드디어 깨달음을 얻는다. 평상복을 입고 가장 평범한 모습으로 좁은 길을 걷는다. 이 사람의 모습이 다른 농부들과 다를 바 없다. 그런데 밝음과 조이가 이 사람을 따른다. 이 사람이 지나는 길에 모든 나무들이 꽃을 피운다.

이 열 번째 이미지가 바로 개개인 여성이 도달할 수 있는 조이와 기쁨의 상태와 같은 것이라 생각한다. 여성은 아름다운 비전을 가지고 있다. 또 여성은 아름다운 비전 그 자체라 할 수 있다. 모든 여성의 노력의 결실은 바로 조이와 엑스타시다.

|옮긴이의 말|

일반적으로 사람들은 여성의 심리를 묘사할 때 여성은 복잡하고 애매모호하며 수수께끼 같아 도대체 알 수 없다고들 한다. 여성과 남성의 심리는 본질적으로 다른가? 여성의 심리는 이토록 이해하기 어려운 것인가? 여성의 심리를 이렇게 규정하는 것은 옳은가? 우리에게 익숙한 남성적 언어나 표현방식으로 여성의 심리를 다루는 것이 과연 타당한가?

이러한 일반적인 의문과 오해를 넘어 여성 심리의 본질적인 힘과 아름다움, 그리고 신비를 밝혀내려는 규명 시도가 바로 로버트 A. 존슨의 책 ≪She≫이다.

저자는 '프시케와 에로스' 신화를 토대로 여성심리에

관한 본질적인 질문들을 탐색한다. 신화의 세계는 순환적인 시간 속에 존재한다. 그것은 과거, 현재, 미래로 진행되는 직선적인 시간의 개념과는 다른 것이다. 신화에 등장하는 '그리스'라는 곳도 지형학적인 의미보다는 우리 각자의 내면에 존재하는 심리적인 공간으로 보아야 할 것이다. 이렇게 신화는 어느 특정 시대, 특정 장소에 국한되지 않고 시공간을 초월하는 보편성을 지닌다. 이것은 2500여 년 전 그리스에서 탄생한 신화가 오늘날에도 여전히 생명력을 과시하며 우리네 삶에 어떤 의미와 통찰을 제시해 줄 수 있는 논거가 된다.

프시케는 이슬이 땅에 막 닿으려는 순간 탄생했다. 아름답고 순결한 그녀는 사랑의 신 에로스와 사랑에 빠진다. 인간이 신과 사랑에 빠진다는 의미는 무엇일까? 사랑에 빠지는 순간은 감당할 수 없는 열정에 휩싸여 인간이 신적인 경지로 고양된다는 뜻일까? 아니면 에로스의 화살이 상징하듯 신이 인간의 세계에 개입한다는 의미일까? 이때의 느낌은 한 마디로 신적 광휘에 휩싸이는 것이다. 이 경이로운 순간은 그 강렬한 빛으로 인해 오히려 그 어떤 것도 분별할 수 없는 지경인 것이다. 에로스와 사랑에 빠진 프시케는 바로 이런 체험을 한다.

프시케의 세상은 낙원에서의 황홀경 그 자체이다. 그러나 이런 매혹적인 열정은 값비싼 대가를 요구한다. 에로스의 어머니 아프로디테가 그녀에게 인간으로서는 감당하기 어려운 4가지 과제를 준다. 이 과제를 하나씩 해결해 나가면서 이슬 같이 순수한 프시케의 처녀성은 성숙하고 완성된 여성의 온전함으로 진화해 간다. 신화적 표현을 그대로 빌리자면, 프시케가 에로스와 결혼하고 올림포스 산의 신들이 프시케를 신들의 세계로 받아들인다는 것이다.

오늘날 프시케와 에로스 신화가 특별히 중요한 의미를 주는 것은 이 신화가 여성성의 본질을 탐구하는 사람들에게 긴요한 영감을 제공하기 때문이다.

인류문명사에서 지난 수천 년은 남성성이 우세한 시기였다. 남성적인 시각이 유일한 관점처럼 간주되었고 남성성의 가치에 대해서만 사회적 보상이 주어졌다. 그 결과 현재 우리가 처해 있는 편향된 남성중심 사회를 초래하였다. 그런데 이런 사회가 여성에게는 말할 것도 없고 남성에게도 결코 건강하지 못하며, 건강하고 성숙한 개인과 세상을 위해 여성적인 가치가 소중하고 여성성의 회복이 절실하다는 인식이 확산되고 있다. 그럼에도 불구하고 현재의 문화와 제도, 언어와 관습에는 여전히 남성 중심적인 시각이 만연해 있다. 심지어 여성성의 회복을 주장할 때조차 남성적인 언어와 방법이 쓰이고 있는 것이 현실이다.

이럴 때 신화라는 원천물질로 돌아가서 그 속에 담긴 상징과 은유적 표현에 초점을 맞추어본다면 여성성의 기본적인 패턴을 발견할 수 있을 것이다. 이것이 여성성의 본질과 진정한 힘을 이해하려는 사람들에게 최선의 길이며 어쩌면 유일한 길인지도 모른다. 이런 탐구를 시도하는 데 프시케와 에로스 신화만큼 적절한 것은 없다. 우선 이 신화는 우리들에게 친숙한 다른 많은 신화가 남성심리를 대변하는 데 반하여 여성심리를 대변하고 있다. 또 이 신화에는 여성성 개발을 위한 구체적인 방법들이 제시되고 있다.

존슨의 신화해설은 단순하고 간결하면서도 심오하다. 신화를 부분부분 잘라서 주요한 상징과 은유를 설명하되, 지나친 해설로 읽는 재미를 앗아가는 어리석음을 범하지 않는다. 그의 뛰어난 상상력, 예리한 통찰과 직관은 숨겨져 있는 상징이나 은유적 표현을 밝히 드러내어 독자로 하여금 신화의 향을 우려 가며 음미하도록 도와준다.

존슨은 조이와 엑스타시가 여성의 가슴에서 우러나오는 선물이라 설명한다. 그러나 이런 선물이 자신뿐만 아니라 세상을 위해 저절로 주어지지 않는다는 사실을 프시케와 에로스 신화를 통해 확인시켜 준다. 자아실현이나 의식확장의 과정은 험난한 모험으로 가득하다. 그렇지만 이는 분명 숭고한 여정이며, 그 결실은 여정을 수행한 사람들뿐 아니라 그가 속한 사회 전체에 혜택이 돌아간다. 험난하지만 아름다운 여성의 자기탐구의 결과가 바로 조이와 엑스타시이며, 또 그것은 진정한 여성성의 힘과 아름다움이라는 사실을 프시케를 통해 보여준다. 이 시대를 살아가는 우리 모두는 프시케의 여정에 초대 받았다. 초대에 응하는 이들에게 이 신화는 이정표가 되어 줄 것이다.

처음 존슨의 책《She》를 접하고 번역을 하기까지 십년이 넘는 세월이 흘렀다. 인간 내면을 탐구할 때 신화가 지혜의 보고이자 나침반이 되어준다는 사실을 존슨의 책들을 통해 처음으로 깨닫게 되었다. 이 책《She》를 읽으면서 언젠가는 이런 분야의 공부를 하고 싶다는 생각을 가슴에 품게 되었고, 결국 신화를 전공하게 되었다. 퍼시피카(Pacifica Graduate Institute, Santa Barbara)에서 신화를 공부하는 동안 존슨을 만날 기회가 몇 번 있었다. 이 책에 존슨의 체취가 더해지길 기대하며 그와의 일화를 소개한다.

존슨이 심혈을 기울이는 일 중 하나가 사춘기 소년, 소녀들의 통과의례이다. 미국 인디언들에게는 전통적으로 거행하는 비전 퀘스트(Vision Quest)라는 의례가 있다. 사막에 혼자 들어가 아주 작은 원을 그어 놓고 그 원 안에서 물만 마시며 3, 4일을 지내면서 특별한 영적체험을 하는 의식이다. 이 통과의례를 막 마친 청년들에게 하얀 수염이 달린 70대 후반의 깡마른 노인이 다가가, 의족의 다리에도 불구하고 맨 땅에 꿇어앉아 그들의 발을 하나씩 씻어 준다. 이 고요한 영상은 내 생애 잊지 못할 장면 중의 하나로 카메라 렌즈처럼 포착되어 나의 뇌리 속에 각인되어 있다. 그는 말과 글과 행위가 일치하는 참으로 숭고한 빛을 발하는 영혼의 소유자이다.

    나의 부족한 번역으로 인해 존슨의 표현에서 우러나오는 힘과 영감이 희석될까 두렵다. 무릎 꿇고 청년들의 발을 하나씩 닦아 주듯, 독자들의 영혼을 하나씩 어루만져 주는 존슨의 손길이 이 책을 읽는 독자들에게 전해지기를 희망한다.

| 용어해설 |

- **개성화** Individuation

 개개인이 가지고 태어난 원형적 잠재력을 온전히 성취하는 것을 개성화라고 한다. 다시 말해 한 사람이 진정으로 자신이 누구인가를 발견하는 자기실현이 개성화이다. 신화에서는 고래 뱃속으로 들어가는 이미지나 지하세계로의 여정 혹은 삶과 죽음의 드라마 등으로 표현된다. 개성화는 삶을 진정으로 의미 있게 만들어 준다.

- **그림자** Shadow

 모든 사람의 심리에 존재하는 원형적 측면으로, 개인의 그림자와 집단적 원형적 그림자로 구분할 수 있다. 개인의 그림자는 개인 심리에 존재하는 어두운 면으로 유쾌하지 않고 받아들이기 어렵고 수치스러운 측면이다. 자신의 그림자를 직면하는 것은 고통스럽지만 자기 발전을 위해서는 결정적인 계기가 된다. 집단적, 원형적 그림자는 그 집단이 규정하는 공동의 적이나 악마 혹은 악의 이미지 등이 대표적이다.

• 아니마 Anima / 아니무스 Animus

아니마, 아니무스는 개개인의 내면에 존재하는 반대되는 성의 이미지나 원리로 여성의 내면에는 남성성인 아니무스가, 남성의 내면에는 여성성인 아니마가 존재한다. 전인적인 인격이 되기 위해서는 여성성과 남성성이 균형 있게 발달해야 한다.

• 아니무스에 사로잡힘 Animus possession

여성이 자기 내면에 존재하는 아니무스를 무시할 경우 아니무스가 무의식에서 강화되어 여성의 행동을 지배하게 되는 상태를 말한다. 아니무스에 사로잡힌 전형적인 이미지는 힘과 권력이 삶의 주동기가 되는 여성이다.

• 원형 Archetype

내면 심리에 깔려 있는 전형적인 인간행위의 잠재력을

말한다. 광물결정이 만들어질 때 결정축이나 체계를 볼 수는 없어도 모양과 특성을 이루는데 결정적 영향을 미치듯이, 인간의 행위도 어떤 기대된 패턴을 따르는데 이를 '원형'이라 부른다. 인간이 원형을 직접 알 수는 없으나 겉으로 드러나는 영향력을 통해 이해할 수 있는데 흔히 그리스 신들의 이름을 붙이거나 성서의 인물의 이름을 따른다.

• **자아** Ego

융의 개념으로 자아는 인간의 의식이다. 마치 달이 지구로부터 분리되듯이 인간 발달과정에 무의식으로부터 자아가 서서히 탄생한다. 아이의 성장과정에서 주변환경의 요구에 대한 응답으로 발전하다가 점차적으로 자치적이 된다. 자아는 주체과 객체, 긍정적인 것과 부정적인 것 등을 구분 분화 성찰하는 기능을 한다.

• **페르소나** Persona

그리스 배우들이 쓰던 가면으로 거짓 자신이라 할 수 있다. 페르소나의 역할은 자아와 외부세계 사이를 중재하고 사회문화가 요구하는 것과 자아의 필요 사이에서 절충하는 역할을 한다.

Understanding Feminine Psychology Underst

Understanding Feminine Psychology Underst

Understanding Feminine Psychology Underst

Understanding Feminine Psychology Underst